»Wir beschränken uns darauf, von dem zu erzählen, was wir selbst erlebt haben. Die Route führt vom schwedischen Süden bis in den allerhöchsten Norden mit ausgiebigen Exkursen nach Osten und Westen und in die schwedische Literatur. Wir hoffen, dass der Leser sich mit uns auf der Fahrt durch Schweden wohlfühlt. Es sollte deutlich werden, dass wir nicht hier leben würden, wenn wir nicht fänden, dass Schweden ein inspirierendes Land ist.«

Wenn Lars Gustafsson und seine Frau Agneta Blomqvist über Schweden schreiben, entsteht daraus ein ganz persönliches und dabei nützliches Reisebuch. Vom äußersten Süden bis hinauf nach Norrland geht die Reise. Ihr Schwerpunkt aber liegt dort, wo die beiden Autoren zu Hause sind: an einem Fjord in Bohuslän, in Västmanland, am Mälarsee und in der Hauptstadt Stockholm.

Lars Gustafsson, Lyriker, Philosoph und Romancier wurde 1936 in Västeras/Mittelschweden geboren. Er studierte Mathematik und Philosophie in Uppsala und Oxford. Er lebte lange Zeit in Austin, Texas. Im *Fischer Taschenbuch Verlag* erschien zuletzt: ›Frau Sorgedahls schöne weiße Arme‹ (Bd. 18661).

Agneta Blomqvist, geboren 1942, war Lehrerin für Religion und Literatur. 2010 erschien zusammen mit Lars Gustafsson ihr persönliches Handbuch ›Alles, was man braucht‹ im Hanser Verlag.

Lars Gustafsson
Agneta Blomqvist

DAS LÄCHELN DER MITTSOMMERNACHT

Literarische Bilder aus Schweden

Aus dem Schwedischen
von Verena Reichel

FISCHER Taschenbuch

Die göttliche Komödie von Dante Alighieri
(Inferno, 5. Gesang, Vers 40–43 und Inferno,
3. Gesang, Vers 9) auf S. 103 wird zitiert
in der Übersetzung von Karl Steckfuß,
Volksverband der Bücherfreunde, Berlin 1925.

MIX
Papier aus verantwortungsvollen Quellen
FSC® C083411
FSC
www.fsc.org

Erschienen bei FISCHER Taschenbuch
Frankfurt am Main, Mai 2016

Lizenzausgabe mit freundlicher Genehmigung
des Carl Hanser Verlags, München 2013

Druck und Bindung: CPI books GmbH, Leck
Printed in Germany
ISBN 978-3-596-03112-2

INHALT

SCHWEDEN AUF DER KARTE

Es kann manchmal so scheinen, als sei dieses Land ein wenig zu lang. In den Schulbüchern unserer Kindheit wurde eine Art Normalschweden dargestellt, wo Bäume tatsächlich Äpfel und Pflaumen hervorbrachten, was oben im nördlichsten Schweden nicht der Fall ist, und da gab es Flüsse, die man selbstverständlich auf Befehl des Fräulein Lehrerin herunterleiern konnte: Ätran, Nissan, Lagan, Viskan. Wir waren sicher schon über dreißig, bis wir, Verfasser dieses eigenwilligen Buches, meist auf Grund unserer eigenen Erfahrungen erkannten, dass es im hohen Norden Flüsse gibt, breit wie die Donau, breiter als die Loire und kraftvoll wie der Rhein, welche die Standardflüsse der Geographiebücher auf angenehme kleine Gewässer reduzieren, geeignet für friedliche Rudertouren und das Angeln mit Würmern.

Dasselbe lässt sich über die Seen sagen, und davon gibt es viele: Der Mälaren oder der Hjälmaren sind an einem Sommertag voll von weißen Segeln, Betonschiffen, Motorbooten. Stora Lulevatten oder Torne träsk hingegen zeigen an einem ähnlichen Tag kaum ein einziges Segel, keine Kielwasserspur.

Das Land ist so bemerkenswert, dass nicht einmal seine eigenen Einwohner es besonders gut kennen. Als Carl von Linné an einem schönen Frühsommermorgen im Jahr 1732 in königlichem Auftrag seine lappländische Reise antrat, war es tatsächlich eine Forschungsreise in ein unbekanntes Land – im Prinzip von der gleichen Art wie Peter Forsskåls und Anders Sparrmans Erkundungen in fremden Erdteilen.

Es ist nicht wie in Linnés Tagen – aber es gibt für den allein Reisenden noch viel zu entdecken, und die Verfasser dieses Buches sind die ersten, zuzugeben, dass das auch für sie gilt. Solche historischen und geographischen Studien sind eine viel zu große Aufgabe für ein einziges Leben. Und auch für zwei, wie bei uns.

Wir beschränken uns darauf, von dem zu erzählen, was wir selbst erlebt haben. Das gilt auch für die Bücher, die wir gelesen, und die Gespräche, die wir geführt haben. Wir haben uns entschlossen, nicht zu sagen, wer was geschrieben hat, und die Route führt vom schwedischen Süden bis in den allerhöchsten Norden, mit ausgiebigen Exkursen nach Osten und Westen und in die schwedische Literatur. Wir hoffen, dass der Leser sich mit uns auf der Fahrt durch Schweden wohlfühlt.

Es sollte deutlich werden, dass wir nicht hier leben würden, wenn wir nicht fänden, dass Schweden ein inspirierendes Land ist.

Agneta Blomqvist und Lars Gustafsson
Säms Herrgård in der Gemeinde Tanum
am 3. August 2012

DER SCHWEDISCHE SÜDEN

Wie ein Netz von schwarzen Spinnenweben
hängen die nassen Äste des Baums.
In der stillen Februarnacht
singt sacht, schwebt, klingt
aus den Spuren und Steinen des Tals
das Rauschen einer Wasserquelle.

In der stillen Februarnacht
weint der Himmel sacht.

Vilhelm Ekelund, 1880–1937

Die südlichen Landschaften, Schonen, Halland und Blekinge, die dem Königreich Schweden spät in der Geschichte – beim Frieden von Roskilde 1658 – einverleibt wurden und noch lange danach umstritten blieben, sind uns, die wir von den Landschaften rings um den Mälarsee kommen, auf subtile Art fremd geworden. Vielleicht noch mehr als die Landschaften im Norden.

Während die Februarnacht bei uns normalerweise sehr dunkel, sehr kalt und jedes Feld von trockenem Schnee bedeckt ist, den der Wind in tückischen Wirbeln vor sich hertreibt, kurz gesagt, das Nifelheim, durch das die alten Nordländer die für ihre Zwecke viel zu angenehm warme

Hölle ersetzt haben, befindet sich die schonische Ebene manches Jahr in der Februarnacht unter dem stillen Weinen der Wolken.

Doch es ist nicht immer so. Das Flachland zwischen Skanör und Lund ist im Januar bis Anfang Februar zuweilen ein Inferno von Schneestürmen. Zur Geburt können die Frauen nur mit Raupenfahrzeugen in die Entbindungskliniken gelangen, abgelegene Höfe müssen tagelang darauf warten, dass ihre Straßen zwischen meterhohen Pflugwällen wieder passierbar gemacht werden. Schneewälle einer Art, die man sonst zur gleichen Jahreszeit nur in Kiruna oder möglicherweise in Umeå zu sehen bekommt.

Dann kommt der Frühling. Das Flugzeug von Bromma zieht beim Anflug jäh hoch, um einem Adler auszuweichen, wie der Kapitän verkündet. Nach der Landung sieht man eine V-Formation von Wildgänsen auf dem Weg nach Norden. Hier und da liegen noch Flecken von Schnee, während die Buchenwälder schon dabei sind, die Farbe zu wechseln.

Nach Schonen zu kommen hatte in meiner Jugend immer etwas von einer Auslandsreise. Statt der Hasen hüpfen Wildkaninchen munter in der Gegend herum. Buchenwälder statt Kiefern und Tannen, weiße Häuser statt falurote, Schlösser statt Herrenhäuser, opulente Mahlzeiten im Vergleich zu den asketischen Gewohnheiten in den philosophischen Kreisen um 1958, kontinentale Philosophie statt der aus Cambridge, Oxford und Chicago. Im Lund der fünfziger Jahre fanden die Post-Seminare in der Bar des prachtvollen alten Hotell Grand statt. In Uppsala war es in »Kajsas Kaffezimmer« in der Drottninggatan.

Blekinge und Halland sehen im Sommer über lange Strecken wie Gärten aus, im Gegensatz zu dem ernsten und manchmal ungeheuer monotonen nordeuropäischen Waldgürtel. Hier gibt es angenehme Sandstrände, Badeorte wie Torekov und Båstad mit idyllischen Sommerhäusern, meist im Besitz einer wohlhabenden Oberklasse.

Im schwedischen Süden sind die sozialen Unterschiede stark ausgeprägt. Hier gibt es große Landwirtschaftsbetriebe wie Värnanäs oder Simonstorp, nicht selten um ein prachtvolles Schloss aus der Großmachtzeit herum gruppiert, und stille Fischerdörfer wie Borrby und Torekov. Aber auch verwahrloste und sozial isolierte Einwandererslums wie Malmös Rosengård mit all den in ähnlichen europäischen Stadtteilen wohlbekannten Problemen. Entwurzelte Jugendliche, Sprachverwirrung.

Die alten strohgedeckten Höfe in quadratischer Form und mit einem Hofbrunnen in der Mitte sind zu einer Art Symbol für diese Landschaft geworden. Man sollte jedoch nicht erwarten, dass all diese Höfe von Schonen bewohnt sind. Bereits in den sechziger Jahren waren sie bei den Stockholmern beliebt. Dag Hammarskjölds Backåkra ist ein Beispiel für diesen Lebensstil. Hierher zog sich der zweite Generalsekretär der UN, bekanntlich eine kontemplative Persönlichkeit, aus dem UN-Hauptquartier zurück.

Südschweden hat etwas von einer eigenen literarischen Tradition, die um die vorletzte Jahrhundertwende sichtbar wurde. Als August Strindberg aus Paris flieht, wo unbekannte Mächte sein Leben zu bedrohen und zu lenken scheinen, landet er bei einem Freund in Lund und spürt plötzlich den Frieden der fleißigen kleinen Stadt. Die stillen Einwohner scheinen ganz und gar mit ihren eigenen Tätigkeiten beschäftigt. Niemand will etwas von ihm, und das ist es, was er in diesem Augenblick braucht.

»Das akademische Bauerndorf« ist zu der Zeit von Vilhelm Ekelund ein ziemlich gebräuchlicher Ausdruck für diese Stadt. Etwas vom Milieu dieses alten Lund kann man auch an einem Sommerabend in unserem neuen Jahrtausend erleben. Die Gartenkugel im romantischen Garten von Bischof Agardh neben dem einzigartigen Museum »Kulturen« spiegelt das Grün der alten Ulmen wider. Die Straßen schlängeln sich zwischen Fachwerkhäusern und gewöhnlichen Häusern durch. Von Maggies Dachwohnung aus sehen die verschieden geneigten Dächer der historischen Stadtteile aus wie dunkle Kristallflächen. Das Hotell Grand, denkwürdiger Ort zahlloser Feste und Punschabende, strebt mit seinem neugotischen Turm zum Himmel. Und die meist verspäteten Fernzüge nach Kopenhagen auf der anderen Seite des Parks können das immer gleichermaßen hoffnungsvolle Gemurmel an der Bar kaum stören.

Es gibt allerdings noch ein anderes Lund. Die Stadt ist reich; die Häuserpreise im historischen Zentrum sind beträchtlich. Die großen Erfinderindustrien, herangewachsen aus den Tiefen der Universitätslabore, blockieren viele Ausblicke auf die Ebene. Arzneimittelfirmen, Softwareunternehmen, und nicht zuletzt das weltbeherrschende Hauptquartier des Milchpakets: Tetrapak.

Aber im Herzen, in dem Hain, der tatsächlich ein Hain ist und vermutlich einst ein Opferhain war, an dessen Quelle der Hochaltar errichtet wurde, erhebt sich der mächtige romanische Dom. Wovor der zufällige Besucher natürlich zuerst stehenbleibt, ist die astronomische Uhr der Fassade, nicht nur ein Monument einer genialen, komplizierten Mechanik aus der Zeit Fibonaccis und Cardanos, sondern auch des gleichbleibend widerspenstigen Problems, eine mathematische Zeitrechnung mit dem eigentümlich diffusen Jahresumlauf des Planeten in Übereinstimmung zu bringen. Und wie in allen kunstvollen Uhren gibt es hier – genau wie in vielen Rathäusern und Kathedralen des europäischen Kontinents – eine tägliche Prozession biblischer Gestalten, die steif und mit erhobenen Trompeten vorüberstolzieren, gezogen von dem mächtigen Bleilot der Uhr. Was ist die Federuhr mit ihrem launischen Gang, dazu verurteilt, ständig durch kegelförmige Geschwindigkeitsregulatoren korrigiert zu werden, verglichen mit dem sicheren, unveränderlichen Gang des Luchses, der nur von der Schwerkraft gelenkt wird, der grauesten, phantasielosesten und greifbarsten aller vier Kräfte der Natur.

Mich fasziniert jedoch vor allem der Brunnen. Dieser tiefe, dunkle Brunnen, der sich schon lange vor der christlichen Zeit dort befunden haben muss und also für immer einen Kultplatz markiert hat, einen heiligen Hain.

Was befindet sich da unten in der Dunkelheit?

Organismen, antwortet eine gelehrte kleine Broschüre, die man heute nur noch in den umliegenden Antiquariaten und in der mächtigen Universitätsbibliothek finden kann: »Das Pflanzen- und Tierleben im Dom von Lund«. Nichts anderes als Organismen.

DIE BEEREN DER MOORE

In einer Kultur wirklich heimisch zu sein heißt, genau zu wissen, was in ihrer Landschaft genießbar und was ungenießbar ist. Sauerampfer und Löwenzahnblätter, Geißfuß und Fichtennadeln.

Es gibt eine sehr frühe Einübung in die Wirklichkeit, wenn man die Dinge ebenso schmeckt, wie man sie ertastet und betrachtet. Man entdeckt bald, dass die dunkle, tiefblaue Beere der Schlehe, die so schön an den Mälarstränden blüht, im Mund ein Unding ist, das ihn zusammenzieht wie einen kleinen, an der Innenseite gefältelten Geldbeutel.

Eine besondere Erinnerung rufen die Moore wach. Der Duft wie in alten Apotheken, aus Mädesüß und Moosen, das leise Rauschen der Winde in den vereinzelten Bäumen, die Langeweile beim Sitzen auf einem Moorbeerenbüschel, während die Eltern pflückten.

Die Moorbeeren, spärlich wachsend, waren nicht leicht zu ernten. Zu säuerlich im Mund, falls sie noch nicht der erste Frost gezwickt hatte, so spröde, dass sie oft schon im Korb aufplatzten, waren sie doch der Grundstoff für das wunderbarste Kompott. Ideal zu Wild, aber davon gab es nicht viel in den vierziger Jahren, als meine Eltern Pilze und Beeren sammelten und im Norra Nadden Plötzen fischten. Es war eine Notzeit, in der die Natur so weit wie irgend möglich in Anspruch genommen wurde.

Dass diese Überlebensmittel, mühsam auf Weiden, Meilerböden und draußen auf den schwankenden Mooren gesammelt, auch Delikatessen waren – wie die Moltebeeren und die Moorbeeren nach dem ersten Frost –, sollte ich erst viel später im Leben begreifen. Die Rauschbeere hat eine betäubende Wirkung. Nimmt man mehr zu sich als, sagen wir, zehn, schläft man ein. Ein Gelee aus Rauschbeeren, vorschlagsweise zu einem gegrillten Waldvogel serviert, würde ein dekadentes Kochbuch zieren.

Als ich da auf den Büscheln saß, klein, mürrisch und mit meinen sieben Jahren unergründlich brütend, waren es die Rauschbeeren, die mich am meisten fesselten. Mit ihren größeren, dunkelblauen Beeren so viel geheimnisvoller als die Blaubeeren, die in einer nordischen Flora nicht so richtig heimisch schienen. Der Duft von Mädesüß und Moosen, immer vermischt mit dem Geruch des schwarzen Humuswassers, und der Geschmack, der immer etwas Fremdes, ein wenig Beunruhigendes hatte.

Ungefähr wie die Ruhe in einem japanischen Felsgarten. Der fremde, etwas herbe, träumerische Geschmack kann die Gedanken zu den Geheimnissen des Taoismus führen:

Sie waren achtsam, wie jemand, der zur Winterzeit über einen Fluss gehen will, oder einer, der seine Nachbarn fürchtet; würdevoll wie ein Gast; ungreifbar wie schmelzendes Eis; wie unbearbeitetes Holz waren sie in ihrer einfachen Natürlichkeit; wie ein Tal waren sie in ihrer Leere; wie trübes Wasser waren sie in ihrer Undurchsichtigkeit.

Aus dem *Tao Te King* über die Meister der Vorzeit

DIE GEOMETRISCHE STADT

Ende des 17. Jahrhunderts: welch eigentümliche Mischung aus Brutalität und frisch erwachter, neugieriger Rationalität! Monsieur Descartes findet ein Gitternetz, das es ermöglicht, die gesamte Mathematik in sichtbarer Form abzubilden, studiert heimlich die platonischen Körper – fünf reguläre konvexe Vielecke mit gleichwertigen Flächen – und entdeckt, dass die Summe der Seiten und Ecken minus der Anzahl der Kanten immer das Resultat 2 ergibt. Der Raum hat verborgene Eigenschaften, die nur hervortreten, wenn man Falten und Faltungen gründlich bedenkt. Newton und Leibniz führen die Differentialrechnung ein, und dieses ganze Unternehmen gleicht einem Segelschiff, das sich scheinbar lebensgefährlich in einem schwingenden Raum zur Seite neigt. Überhaupt wird in dieser Zeit geneigt, gefaltet, gebogen und gewendet.

Es ist eine Zeit, die sich viel zutraut. Die Dampfmaschine wartet um die Ecke, Polhem transportiert bei der letzten Schlacht Karls XI. Kanonenschaluppen durch den Wald nach Svinesund; es ist der sinnlose Feldzug gegen Norwegen. Neue Erfindungen wie die Aufschlepphelling für Schiffe und die Schleuse scheinen den Unterschied zwischen Wasser und Land herauszufordern. Sir Isaac Newton wird Vorsteher von The Royal Mint und führt die kleinen vertikalen Streifen an jedem Sovereign ein, die schonungslos enthüllen, wenn jemand Silberspäne für eigene Zwecke abgefeilt hat. Es ist die Zeit der Sextanten, Chronometer und der großen Turmuhren.

Karl XI. hatte verfügt, dass dieser Ort die Basis der schwedischen Marine werden sollte. Deutsche Handwerker – so viele, dass sie bald eine eigene deutsche Gemeinde bilden würden –, Seeleute und Steinmetze, wurden hierher geholt. Das ist nicht der einzige Anknüpfungspunkt an die deutsche Kultur. Als das Zentrum von Karlskrona nach dem letzten großen Stadtbrand in den 1890er Jahren wieder aufgebaut wird, geschieht das in dem gleichen eklektischen Berliner Stil, der sich in Stockholms Stadtteil Östermalm wiederfindet.

Im Licht des Sommerabends wird die alte Stadt zu einer Bühne für geheimnisvolle Schauspiele wie bei Chirico. Der überdimensionale Marktplatz mit der Fassade der Trefaldighetskyrkan ist beinahe menschenleer. Eine Opernbühne, auf der noch niemand aufgetreten ist, oder eine, auf der alle gerade abgetreten sind. Der Glockenturm der Admiralität mit seiner feierlichen Geometrie erinnert an ein Zeitalter, in dem Chronographen, Sextanten und Logarithmen die Tür zu einer neuen Welt geöffnet haben. Im Jahr 1686 ging das erste Linienschiff in der Werft vom Stapel. 1690, im Jahr des Stadtbrands, wurde die *Pommern* mit sechzig Kanonen fertiggestellt. Es ist die Zeit der Mathematiker. Und der Kriegsschiffe. Dies ist ein Kriegshafen aus den Tagen Karls XI.

Als die Eisenbahn von Kalmar und Växjö gebaut wurde, machte man Karlskrona zur Endstation. Der Eindruck ist noch immer derselbe, wie Fredrik Böök ihn von einer Reise Anfang des 20. Jahrhunderts beschreibt: Man kommt aus dem dichten, struppigen Kiefernwald von Småland heraus und in eine freundliche, gartenähnliche Laubwaldlandschaft hinein. Alle Bäche und Seen bewegen sich in die Richtung des Reisenden: zum Meer hin. Und draußen an einem Hafenpier auf der zentralen Insel, Trossön, befindet sich der Bahnhof. Die Stadt liegt auf der innersten einer Gruppe von Inseln, leicht zu verteidigen und ein idealer Versammlungsort für eine Kriegsflotte. Und als solcher ist er seitdem in Gebrauch, heute allerdings nur mit den schnellen Schiffen der Küstenwache an den Kais.

In dem großen Marinemuseum unten am Hafen kann man eine Menge über Linienschiffe lernen, über schwere Zusammenstöße beim Ausweichmanöver im Svensksund, über das blutige Chaos auf dem Batteriedeck beim Aufprall, über Schiffsbau und Tauwerk. Das altertümliche Werkzeug, bestimmt für Arbeiten in härtestem Eichenholz, wirkt wie ein Riesenspielzeug. Die Knoten rennen wild, in immer komplizierteren Polynomen. Die Hanffasern verdichten sich in hierarchischen Schritten von Kardeel zu Trosse, bis sie Haltekabel für die Linienschifffahrt werden.

Eine Formel für das alles wäre eine, die ein Zeichen für die Grausamkeit dieser Epoche mit einem Zeichen für ihren Erfindungsreichtum vereint.

Der Besucher geht von einer Insel zur nächsten und merkt kaum, dass er sich über Inseln bewegt. Alles ist mit Brücken und Aufschüttungen zu einer Einheit verbunden, die etwas von einer marinemilitärischen Utopie hat. Kraftvolle Verteidigung nach außen, große innere Ordnung. Etwas von der Sonnenstadt Tommaso Campanellas. Viele ähnliche befestigte marine Städte entstanden in dieser Zeit rings um die Ostsee herum: Sveaborg und Cronstadt, alle haben sie etwas von dieser ins Meereslicht getauchten, hellen Geometrie. Wem es erlaubt ist, sich für eine Weile auf der Terrasse der Residenz niederzulassen – was gar nicht unmöglich ist, denn Blekinge hat einen freundlichen und großzügigen Regierungspräsidenten, welcher der Meinung ist, dass alle Bürger den größtmöglichen Zugang zu ihren eigenen Prachtbauten haben sollen (hier werden in Zusammenarbeit mit der Technischen Hochschule von Karlskrona im Sommer Konzerte und Lyriklesungen veranstaltet) –, kann an einem schönen Sommertag nicht umhin, einen Hauch von Mittelmeer zu spüren. Jachten auf dem Weg hinaus und herein zwischen den Inseln, Sonnenglitzern und der eine oder andere mächtige Schiffsrumpf am Horizont.

Wie viele seltsame Blätter wendet nicht die Ostsee in ihrem Buch zwischen den kargen Küsten des Bottnischen Meerbusens und diesem grünen Blekinge!

JÖNKÖPING

Die Stadt Jönköping liegt schön an dem geheimnisvollen blauen Vättern, nach dem Vänern der See mit der größten Oberfläche in Schweden. Vättern bedeutet ganz einfach »Wasser«. Er ist tief (bis zu 128 m) und lang (135 km) und ungewöhnlich kalt. Wenn er eisbedeckt ist, was in den letzten fünfzehn Jahren nur dreimal vorgekommen ist, hat man eine tiefe Sicht, was sowohl Langstreckenschlittschuhläufer wie Aalraupenfischer in ihren kleinen Zelten auf dem Eis bestätigen können. In dem See kann man bestenfalls im späten Juli baden, aber verfrorenen Menschen wird das Baden erst im August empfohlen.

Wie seltsam – da hat Jönköping die ganze Zeit am Ufer des Vättern gelegen, diese Stadt, die als Junaköping schon in den 1270er Jahren erwähnt wird. Der erste Teil enthält vermutlich den alten Namen des Junebäcken, und »köping« deutet darauf hin, dass der Ort ein Handelsplatz ist. Ja, da hat die Stadt gelegen und ist im Lauf der Geschichte umwälzenden Ereignissen ausgesetzt gewesen – alles ohne mein Wissen und meine Erlaubnis!

Als ich schließlich die Stadt besuchte, entstand etwas, worauf ich tatsächlich überhaupt nicht vorbereitet war: Ich habe mich nämlich augenblicklich in sie verliebt. Hoffentlich war es gegenseitig. Wenn man sich ihr nähert, in unserem Fall von Westen, sieht man die Stadt wie eine Fata Morgana an dem blauen Vättern liegen. Wir wollten zuerst in das Stora Hotel, L. hatte abends ein Gespräch in der Kristinekyrkan, aber wir hatten uns nicht einmal bemüht, herauszufinden, wo die Kirche oder das Hotel lag, sondern fuhren einfach drauflos – und siehe da, unsere Intuition führte uns direkt dahin, wo wir hinwollten, ohne dass man die Karte oder einen Einwohner um Rat fragen musste. Das deutete natürlich darauf hin, dass die Stadt uns wohlgesonnen war! Oder dass es eine – ich möchte sagen natürliche – Art gibt, auf die eine schwedische Stadt entstanden und geplant worden ist!

Jönköping liegt in dem sogenannten »Bibelgürtel«, einem inoffiziellen soziogeographischen Begriff, der Ende des 19. Jahrhunderts entstand – die freikirchlichen Liberalen in Jönköping und Umgebung wollten sich von den, wie sie es empfanden, geistig beschränkteren Menschen im Stift von Växjö und der Provinz Kronoberg distanzieren, von denen man sprach, als kämen sie aus dem »dunkelsten Småland«.

Aber wir wollten nicht zu den Freikirchlichen, sondern zu Pfarrer Per Arne Waldenvik, der L. zusammen mit Carl Henrik Svenstedt, dem Filmemacher und Schriftsteller, eingeladen hatte, um über den Sinn des Lebens zu sprechen.

Wie viele Kirchen in Schweden sind nicht im Lauf der Jahrhunderte einem Brand ausgesetzt gewesen? So auch diese Kirche aus dem 17. Jahrhundert, nach dem Brand umgebaut und jetzt weiß, schlicht und schön. Das Publikum war groß, mit Jungen wie Alten, das Gespräch ergiebig, es zeigte sich, dass der Pfarrer ein enthusiastischer Humanist war – und obendrein ein ebenso enthusiastischer Pfeifenraucher. In den Pausen spielte der geschickte Organist Bach auf einer romantischen Orgel aus dem 19. Jahrhundert, und danach gab es ein kleines Souper im Gemeindehaus, einem Gebäude, das ursprünglich von dem berühmten Erik Dahlberg entworfen worden war, einem Grafen, Militär, Architekten und Beamten, der außerdem von 1687 bis 1693 Regierungspräsident von Jönköping war.

Das Gebiet nahe bei einer Kirche ist fast ausnahmslos harmonisch und schön, und während des Spaziergangs auf der kleinteiligen Straße, heute Fußgängerzone, zum Gemeindehaus, hat diese Regel sich wieder bewahrheitet. Wenige Häuser waren abgerissen, die alten Gebäude waren gepflegt und trugen zu der ruhigen Atmosphäre bei. Der kleine Markt vor dem Rathaus war, wie es in den Touristenbroschüren heißt, eine Perle.

Da diejenige, die diese Zeilen schreibt, in der Kindheit viel Zeit in Kirchen verbracht hat (ausgedehnte Gottesdienste mit eigenen Kollektenmünzen in der Faust) und in Gemeindehäusern (oft mit dem Verkauf der Arbeiten von emsigen Nähvereinsdamen verbunden, in Ausnahmefällen hatten mein kleiner Bruder und ich auch ein bisschen eigenes Geld zum Konsumieren bekommen), erkenne ich diese Orte am Duft und der Atmosphäre, und im Gegensatz zu vielen anderen fühle ich mich, trotz meines relativen Unglaubens, in Kirchen immer zu Hause.

Irgendwie war es ein besonderer Genuss, unter lebhaften Gesprächen ein köstliches Souper zu verzehren und vor allem guten Wein in einem Gemeindehaus zu trinken, wo sonst der Duft von Kaffee und Selbstgebackenem dominiert. Für eine Enkelin Gottes ein bisschen ketzerisch und auf angenehme Weise prickelnd. Und unsere Gespräche waren wirklich vollkommen unzensiert. Die Vorstellung von einer Art prächtigem Asketismus und allgemeiner Beschränktheit, die viele vielleicht mit diesem »Bibelgürtel« verbinden, wurde an diesem Abend zunichtegemacht. Wie wir erfuhren, hat die Stadt sich während der letzten zwanzig Jahre »aufgerappelt«, mit stetig wachsender Einwohnerzahl, Hochschule, neugebauten Wohnungen mit Blick auf den Vättern, Theater, Musikkultur, Restaurants und Cafés. Alles hat zu dieser günstigen Entwicklung beigetragen.

Da der Vättern ursprünglich eine Meeresbucht ist (wir sprechen hier von einer Periode vor etwa 10000 Jahren), sind ein paar Wassertiere wie beispielsweise der berühmte Vätternsaibling »eingeschlossen« worden, haben sich angepasst und leben hier weiter. Dieser Fisch mit seinem hellroten Fleisch ist wirklich eine Delikatesse – jedes Restaurant rings um den See, das etwas auf sich hält, hat den Saibling auf der Speisekarte.

Ein altes Gerücht besagt, dass der See, der lange als bodenlos galt, Verbindungen mit anderen Seen habe, beispielsweise dem Bodensee. Eine Frau, die im Vättern ertrunken war, soll mit einem Gesangbuch aus der Kirche in Hammar in der Tasche im Bodensee gefunden worden sein … Es steht jedem frei, diese Geschichte zu glauben oder nicht.

EIN HELD IM INLAND VON BOHUSLÄN

Auf einem kleinen gelben Schild mit rotem Rand steht Kaneröd 1. Wenn man mit dem Auto an dem Ort Brusen in Bullaren vorbeikommt, das im südwestlichen Schweden nahe der norwegischen Grenze liegt, fühlt es sich wirklich so an, als schlittere man auf der alten Schotterstraße hinunter. Und dann wieder hinauf. Man schlittert dann auch in der Zeit zurück, denn die Gegend erinnert daran, dass es parallel zu der unseren auch eine andere Zeit gibt: mit diesen kleinen Bauernhöfen, die noch in Betrieb sind, die Stille, die Reinheit, die Langsamkeit, weidende Viehherden, blühende Grabenränder.

Der Wald rechts von der Straße wirkt von hier aus verlockend – auch er fällt steil ab, steigt dann wieder an und verliert sich in dem grünen, geheimnisvollen Dunkel. Immer wenn ich auf dieser schmalen, kurvenreichen und hügeligen Schotterstraße fahre, fühle ich mich glücklich. So viel Natur ganz für sich allein zu haben! Das Recht, hier einzudringen, egal wo!

Dann öffnet sich die Landschaft wieder. Zäune und Wiesen. Ein paar Rehe weiden drüben am Waldrand – sie kümmern sich nicht um den Wagen, verharren nur reglos, bis die Gefahr vorüber ist.

Ein Bauer knattert mit seinem kleinen grauen Traktor auf seinem Feld herum, in seine unerschöpfliche Arbeit vertieft –

wenn ich dieses Gefährt mit den gigantischen roten Traktoren vergleiche, die es auf den größeren Höfen gibt, wirkt es wie ein Spielzeug. In diesem Moment wirft er einen kleinen Seitenblick auf mein Auto, ich sehe es im Rückspiegel, es kommt nicht so oft vor, dass sich jemand von den größeren Straßen hierher verirrt. Ich meine fast, ihn zu kennen. Wie fürsorglich er seinen Boden pflegt! Er ahnt nicht, wie sehr ich ihn bewundere. Wenn er das erführe, wäre er vermutlich sehr erstaunt.

Eine Herde von Jungtieren liegt dämmernd auf einer noch grünen Wiese – sie käuen wieder und wedeln ein bisschen mit den Ohren, um die Fliegen zu verjagen –, sie wirken zufrieden. Ich bin fast erstaunt darüber, dass die moderne Zeit auch hier ihren Einzug gehalten hat – neben dem Wohnhaus liegt ein Haufen von Heuballen mit Plastiküberzug –, sie sehen aus wie von einem Riesen ausgestreute Zähne. Aber was ich hier beschreibe, ist doch nicht besonders bemerkenswert – so hat es doch immer auf dem Land ausgesehen! Ja, so *hat* es ausgesehen. Wie lange noch wird dieser in meinen Augen heldenhafte Bauer seinen kleinen Hof mit seinen Tieren, seinem Traktor und seiner Motorsäge weiter betreuen, sich selbst und anderen zur Freude? Wirklich rentabel, ganz abgesehen von den unbegreiflichen Vorschriften, die in der Landwirtschaftspolitik angewandt werden, ist seine Arbeit sicher nicht. Was geschieht nach seiner Zeit?

Früher haben mehr Menschen hier gewohnt. Die Auswanderung nach Amerika gegen Ende des 19. Jahrhunderts bewirkte in diesem Landstrich einen verheerenden Bevölkerungsschwund. Im letzten Herbst kam ich während einer meiner Pilztouren an einem kleinen Hof auf der anderen

Seite der Straße vorbei. Er muss rasch auf eine rätselhafte Weise verlassen worden sein: Da liegt ein traditionell weißes bohuslänisches Wohnhaus mit Sprossenfenstern kurz vor dem endgültigen Verfall, das Dach ist eingeknickt, eine junge Birke wächst durch eins der Fenster hinaus, aber noch steht das Haus einigermaßen aufrecht. Jetzt ist es viel zu spät, als dass jemand es übernehmen könnte – vielleicht wäre das vor dreißig Jahren möglich gewesen. Warum hat das damals niemand getan? Es ist schade um das ursprünglich so feine Haus in einer so schönen Umgebung. In diesen Teil Schwedens ziehen heutzutage ziemlich viele Holländer, auch Deutsche, von denen einige das ganze Jahr über hier wohnen. Sie finden, dass ihr eigenes Land überbevölkert ist, und schätzen die angenehme Ruhe und die frische Luft. Der für das nördliche Bohuslän ungewöhnlich große Hof Tingvall in unserer Nachbarschaft wird beispielsweise von einer zugezogenen holländischen Familie betrieben.

Merkwürdigerweise sagen die frisch Angesiedelten, dass auch die schwedische Landwirtschaftspolitik besser sei als die holländische. Während die schwedischen Bauern so oft über ihre wirtschaftlichen Bedingungen hier in Schweden klagen – und über das Wetter natürlich.

In der Scheune des Einödhauses zeigen sich Reste menschlichen Lebens und Arbeitens: ein paar einzelne ausgetretene Arbeitsschuhe, etwas struppiges, verblasstes Heu, eine Holzharke, ein altes Kinderbett.

Noch immer ragt die eine oder andere tapfere Gartenblume zwischen den Brennnesseln auf, wo sich einst ein Beet befunden hat. Am Apfelbaum an der Hausecke wachsen verschrumpelte saure Äpfel – ich habe sie probiert – an dürren Ästen. Was für ein Leben haben die Menschen geführt, die dieses Haus einfach im Stich ließen? Es ist geradezu unheimlich still – ich würde ungern in der Dämmerung hier vorbeigehen. Wer weiß, vielleicht wacht jemand von denen, die einmal hier lebten, über das verlassene Zuhause …

Ich stelle das Auto so nah wie möglich am Straßenrand ab – dann bleibt noch genügend Raum, um auf der Straße vorbeizukommen. Wäre doch ärgerlich, wenn es der Bauer mit seinem grauen Traktor nicht schaffen würde … Ich will ihm zeigen, dass ich sowohl rücksichtsvoll als auch friedlich gesonnen bin. Am Grabenrand wachsen die Blumen des Spätsommers, lavendelblaue Skabiosen, Habichtskraut, weiße und rosa Schafgarben, zarte Glockenblumen und weiße Sumpfgarben. Und dann gehe ich, leichten Herzens, in der großen Stille des Spätsommers über den engen Pfad in einen »meiner« Wälder hinein – es ist nicht ganz einfach; Wasser fließt von der steilen Bergwand, die jäh aus der struppigen Wiese aufragt, und sammelt sich in einem Tümpel, alter, verrosteter Stacheldraht begrenzt eine seit langem verlassene Weide, und wenn man nicht aufpasst, kann man darüber stolpern und hängenbleiben. Einem Tier ist das passiert: ein Büschel von rauhen Haaren ist an den Stacheln zurückgeblieben.

Aber dort, ganz am Rand der schützenden Äste der großen Fichte, leuchten Flecken von Gelb. Genau so, wie es sein soll. Dort wachsen die großen gelben Pfifferlinge – sie sehen in ihrer Perfektion fast künstlich aus. Wie die schönsten Exemplare von *cantharellus* in einem Pilzbuch. Niemand scheint sie zu sammeln außer mir. Es liegt also in meiner Verantwortung, mich ihrer anzunehmen! Ich weiß, dass sie da sind, sie *müssen* dasein, ungewöhnlich viele diesmal. Der Korb ist bald halb voll. Die reinste Alltagsfreude!

Mit angespannten Sinnen gehe ich weiter, ich muss keine Angst haben, einem Bären zu begegnen, es gibt sie nicht hier im tiefsten Süden. Dieser kleine Bauernwald ist nicht zerstört – noch kann man sich mit Leichtigkeit darin bewegen, ohne über Baumstümpfe und abgehauene Äste zu stolpern oder sich über die allzu tiefen Spuren der großen Waldmaschinen zu ärgern. Es handelt sich nicht um eine undurchdringliche Fichtenpflanzung oder verwüstete »Verjüngungsfläche«, sondern diese Gegend ist vom Menschen geprägt: Eine teilweise eingestürzte Steinmauer hat ihre Funktion verloren – hier weiden keine Tiere mehr. Wie viele schwere Arbeitsstunden muss es gekostet haben, sie aufzubauen! Ein verrostetes landwirtschaftliches Gerät, jetzt halb überwuchert, zeugt davon, dass hier jemand gearbeitet hat, ebenso wie ein Haufen Kies, der übriggeblieben ist. Ich gehe hinauf zur Kuppe und über den etwas sumpfigen Boden, der Duft von Gagel und stagnierendem Wasser schlägt mir entgegen. Ich folge einem der alten Pfade und werde ganz aufgeregt: gelbe Flecken von Pfifferlingen überall, hier ist also noch niemand gewesen! Alles ist mein! Ich kann mich einfach bedienen.

Lange habe ich vorgehabt, diesen mir unbekannten Lieblingsbauern zu besuchen – und in diesem Sommer ist es soweit. Ich fasse Mut und stiefele auf das kleine weiße Haus zu – der Schlüssel steckt im Schloss! Ich klopfe an und höre ein »Herein!«. Ich ziehe meine festen Schuhe aus und betrete eine sehr ordentliche kleine Küche, wo eine gestreifte Katze sich genüsslich auf der Küchenbank ausstreckt. Ein älterer Mann sitzt am Tisch und betrachtet mich mit freundlichem Blick. Ich sage meinen Namen, und dann ergibt sich ein sehr nettes Gespräch. Ich stelle eine Menge Fragen über diese

Gegend und die Menschen, die hier gewohnt haben und noch wohnen. Seit es das Fernsehen gibt, treffe man sich nicht mehr so oft, früher habe man Zeit gehabt, ein paar Stunden zu verplaudern, Karten zu spielen, ja, einfach miteinander umzugehen, meint Karl Gustaf. So heißt der Bauer. Als ich ihn frage, ob er es wirklich wagt, den Schlüssel immer in der Tür steckenzulassen, antwortet er, hier vertrauen wir einander! Er hat den kleinen Landwirtschaftsbetrieb, eine Menge Wald, der auch zum Hof gehört, in den frühen achtziger Jahren von seinen Eltern übernommen und ihn dann selbst weitergeführt – jetzt wird er bald achtzig und sieht schlecht, denn er leidet unter Makuladegeneration. Er war nie verheiratet und hat keine Kinder, was er bedauert, aber er erzählt mir etwas sehr Romantisches: Jeden Abend nimmt er seinen Traktor und fährt zu seinem girlfriend (!), die sieben Kilometer weiter weg wohnt, isst mit ihr zu Abend und bleibt dann über Nacht. Früh am Morgen muss er natürlich heimfahren, um sich um die Tiere zu kümmern! Es ist ihm wegen des Sehfehlers verboten, Auto zu fahren, aber den Traktor darf er benutzen, nur darf das Straßenverkehrsamt nicht wissen, wie *weit* er fährt! Für diese Fahrten nimmt er nicht den kleinen grauen, sondern einen bedeutend moderneren Traktor.

Aus dieser ersten Begegnung wird der Anfang einer Freundschaft – wer hätte das gedacht?

DAS LEBEN AN EINEM FJORD

Der Sannäsfjord im nördlichen Bohuslän ist einer von Schwedens wenigen Fjorden. Er erstreckt sich von Havstensund draußen am Meer ein paar Kilometer ins Land hinein, vorbei an dem ehemaligen kleinen Fischerdorf Sannäs mit seinen weißen Holzhäusern und roten Scheunen und weiter bis zur Straße zwischen Tanumshede und Grebbestad. Der Blick über den Fjord ist beständig – äußerlich wird es in absehbarer Zeit hier kaum irgendwelche Veränderung geben.

Die Eltern kauften Anfang der 1950er Jahre eine vier Hektar große Landzunge im Sannäsfjord, damals ein Grundstück, das nicht besonders wertvoll war: ein karger Felsen, eine grasbewachsene Mulde und eine Wiese. Ein paar Schafe weideten dort, wo jetzt das immer noch ziemlich einfache Sommerhäuschen liegt. Da damals ein allgemeines Bauverbot herrschte, wurde das Haus per Lastwagen dorthin transportiert und ist später mehrmals ausgebaut worden. Zwei andere Häuschen wurden auf die gleiche Art versetzt – eins davon war ein altes Köhlerhaus mit schwarzem Rauch an den Wänden. Wir waren unter den ersten Sommergästen in dieser Gegend und hatten große Freude daran, mit Fischern, Bauern und andren Ansässigen zu verkehren.

Die Häuser waren also nicht wertvoll – aber das Grundstück ist es geworden. Ich frage mich, was Oskar Nilsson, der in den frühen Fünfzigern das Grundstück für 8000 Kronen an meine Eltern verkaufte, heute denken würde, wenn er wüsste, dass sein karger Ausschussboden binnen dieser Jahre einen Wert von mehreren Millionen erlangt hat. Er betrieb eine kleine Landwirtschaft, fischte für den Hausgebrauch und war als Kirchendiener in der Kirche von Havstensund angestellt, wohin er bei Wind und Wetter radelte. Er lebte allein, in einfachen Verhältnissen. Ein paar kleine Bauernhöfe gibt es noch in der Gegend, vor allem mit Reitpferden statt Kühen, aber die große Veränderung besteht darin, dass am Ufer eine Reihe von Ferienhäusern gebaut worden ist, und dass die Besitzer große, schnelle Boote an einem gemeinsamen Landungssteg liegen haben, der dem Angriff des Wintereises standhält.

Ich erinnere mich noch an den frischen Fjord, in dem es von Fischen wimmelte – wir haben Netze ausgelegt (das war damals erlaubt) und fingen Schollen und anderes. Auch eine Austernbank, auf die wir ein Anrecht hatten, befand sich in unseren Gewässern, und wenn wir überraschend Gäste bekamen, musste man nur zum Strand laufen und in einer Tiefe von höchstens einem halben Meter einen Korb voll frischer Muscheln sammeln, direkt am Wassersaum. Jeden Sommer kam ein Tümmler herein, um Fische zu jagen, und dann liefen wir vollzählig aus dem Haus und bewunderten ihn. Wir fingen Makrelen mit der Handleine – eine silberglänzende Senke mit Haken, die hinter dem Boot hergeschleppt wird. Manchmal bekamen wir reiche Beute, meine Mutter panierte sie mit Semmelbröseln und briet sie in Butter mit Dill im Backofen – es schmeckte herrlich. Lasst mich aufzählen, was es in den fünfziger Jahren tatsächlich an Fischen und Schalentieren in dem Fjord gab: Klieschen, Flundern, Goldbutt, Dorsch, Merlan, Makrelen, Hering, Tümmler, Lachs und Lachsforellen, Aal, Seeskorpione, Ostseegarnelen, Taschenkrebse, Hummer, Austern und Muscheln. Und das fanden wir ganz selbstverständlich! Aktuelle Wasseruntersuchungen haben ergeben, dass vor allem die Abgase von unzähligen Freizeitbooten nachweislich toxische Wirkungen haben. Damals wussten wir nicht, was Naturzerstörung ist.

In den Klüften des Felsens pflückten wir literweise süße Himbeeren, aus denen mein Vater Kompott kochte, und in den Wäldchen, die in den Schluchten zwischen den Felsen lagen, wimmelte es von Pfifferlingen und anderen Pilzen. Friede und Freude?

Es *war* wirklich ein Paradies. Wenn ich gut fünfzig Jahre später da sitze und immer noch denselben schönen Ausblick auf den Fjord habe, gegenüber der Insel Killingen, die unter Naturschutz steht – dort darf nicht gebaut werden –, die Schreie der Möwen höre und den Duft des Fjords rieche, bin ich wehmütig, aber auch tief besorgt. Der Fjord ist nicht mehr gesund. Man sieht kaum mehr die Ringe von Fischen an der Oberfläche, das Wasser am Strand ist merkbar trüb, der Boden ist viel sumpfiger als früher, es gibt weniger Seevögel, und gerade jetzt, während fast völlige Windstille herrscht, treiben Fladen von Wasserpflanzen herum, die das Strandwasser verschlammen – gelbgrüne Grünalgen und anderes, was sich um die Beine schlingt, wenn man zu baden versucht. Ein paar Freizeitboote ziehen schnell vorbei. Ich frage mich, warum sie es immer so eilig haben. Hier sollte eigentlich die Reise selbst und nicht das Ziel das Wesentliche sein. Aber der Sonnenuntergang ist immer noch so atemberaubend schön und rot wie damals, und das verblassende Licht hüllt Land und Wasser in einen ebenso mystischen Nebel ein, wenn der Abend sich der Nacht zuneigt.

Eine Wäscherei durfte jahrelang Phosphate bis tief in den Fjord ablassen – damals verstand man nicht, wie gefährlich das war. Die giftigen Unterwasserfarben der Schiffe, Bootsbenzin, Rückstände von Landwirtschaft und Autos, Haushaltabwässer, Leerfischen, Niederschläge von saurem Regen – all das hat dazu beigetragen, das Meeresmilieu zu schädigen. Es ist kurz gesagt die Kehrseite dessen, was wir Entwicklung und Wohlstand nennen. Aber diejenigen, die jetzt ein paar Sommerwochen lang um den Fjord herum wohnen, wissen ja nicht, wie er einmal war. Sie denken, alles sei in Ordnung, denn sie haben nichts anderes erlebt. Ihre Zeit ist jetzt, und nur das zählt. In die einzigartige Natur der Gemeinde Tannum kommen in der Sommersaison Tausende von Touristen und Freizeitbewohner, um zu baden, Boot zu fahren und sich zu sonnen. Etwa zwölftausend Menschen wohnen das ganze Jahr über dort. Im Sommer vervierfacht sich ihre Zahl. Es ist nicht die Schuld der relativ armen Gemeinden, dass der Sannäsfjord und andere Meeresmilieus verödet sind. Man versucht, so gut es geht, mit den Problemen zurechtzukommen. Mehrere Projekte sollen das Milieu in und um den Sannäsfjord verbessern; man fertigt Studien von Sedimenten und Bodenfauna an, man inspiziert alte Abflüsse, beantragt Geld aus den Milieufonds der EU und anderswo.

Aber eine einzelne Gemeinde kann nicht viel an den übergreifenden Problemen ändern. Politiker und andere Verantwortliche sagen: »Man kann die Uhr nicht zurückdrehen« – als handelte es sich um eine Art von Nostalgie, bei der es darum geht, den Ausdruck »früher war es besser« zu ironisieren. Nein, dies sind offenbare, reelle Werte, die verlorengegangen sind. Für immer?

WÖLFE

Nenne in Schweden das Wort Wolf, und du wirst einen immer aggressiveren Meinungsaustausch erleben. Es ist ungefähr so, wie wenn man an einem Fest mit reichlich Alkohol eine Diskussion über religiöse Fragen anfängt. So etwas *weckt Gefühle*. Ungeahnte. Die Schweden kann man nämlich in zwei klare Lager aufteilen, diejenigen, die den Wolf in der schwedischen Fauna behalten, und diejenigen, die ihn weghaben wollen. Sehr wenige sind dem Wolf gegenüber gleichgültig. Er gehört wie der Bär, der Luchs und der Teufel zu einer Gruppe von Geschöpfen, deren richtigen Namen man in der schwedischen Bauerngesellschaft gar nicht zu nennen wagte, aus Angst, die Gefürchteten auf diese Weise heraufzubeschwören. Einer der vielen umschreibenden Namen für den Teufel, oder eine Art Spitzname, ist der Leibhaftige, für den Bären Meister Petz, der Luchs hieß »göpa«, und der Wolf wird unter anderem »Graubein« genannt.

Der Wolf wurde in Schweden im Jahr 1966 unter Naturschutz gestellt, doch wurde Tierhaltern eine sogenannte Schutzjagd erlaubt, wenn ihr Nutzvieh angegriffen wurde. Im Jahr 2011 vergab das Naturschutzamt eine Jagdlizenz auf Wölfe (man wollte die durch Inzucht geschwächte Wolfspopulation lebenstüchtiger machen, indem man einen Teil der Tiere erschoss und zugleich gesunde Wölfe unter anderem aus Russland einführte). 7400 Leute meldeten sich als Wolfsjäger, und die zugeteilte Quote betrug zwanzig Wölfe ... Viele Jäger gegen einen Wolf, kann man sagen.

Die neue Jagdlizenz wurde im Jahr 2012 wieder eingestellt, da Schweden Kritik von der EU bekam, die der Ansicht war, die Wolfsjagd gefährde die Überlebensmöglichkeiten der schwedischen Wolfspopulation. Schweden hat bekanntlich eine lange Grenze zum Bruderland Norwegen, und bei einer Inventur der Wolfspopulation 2010/2011 in beiden Ländern stellte man fest, dass es zwischen 289 und 325 Tiere gab, die meisten davon in Schweden. Die Wölfe haben schließlich kein Gefühl dafür, in welchem Land sie sich befinden, und wir haben schließlich seit langer Zeit die Passkontrolle zwischen unseren historisch so stark verbundenen Ländern abgeschafft.

Selma Lagerlöf hat von einem Wolfsrudel erzählt, das in der knisternden värmländischen Winternacht während einer rasenden Schlittenfahrt hinter Gösta Berling und seiner Geliebten Anna Stjärnhök herjagte. Mit Müh und Not entrannen die Liebenden dem Tod – Gösta musste sich bis zur Vortreppe mit der Peitsche verteidigen. An einer anderen Stelle in *Gösta Berling* schrieb sie über die värmländische Wildnis: »Dort wohnen die Wölfe, die des Nachts hervorkommen und den Schlitten der Bauern jagen, bis die Frau das kleine Kind nehmen muss, das sie auf dem Schoß hat, und es ihnen hinwerfen, um ihr eigenes und das Leben ihres Mannes zu retten.«

Vielleicht hat sie dazu beigetragen, die tiefsitzende Angst oder vielmehr den Abscheu des Schweden vor dem Wolf zu schüren. Der Wolf hat immer das Böse symbolisiert, obwohl etwa die Tierpfleger im Zoo Skansen meinen, der Wolf sei sehr neugierig und sozial. Wurde man dort zusammen mit einem Pfleger eingelassen, konnte man erleben, dass der Wolf wie ein Hund auf einen zukam und sich streicheln ließ. Vielleicht schleckte er einem sogar die Wange … Doch viele Märchen wie Rotkäppchen und weit früher die Fabeln des Aesop stellen den Wolf als ein unsympathisches oder angsteinflößendes Tier dar.

Im heutigen urbanen Schweden existiert noch immer eine ausgeprägte Angst vor Wölfen, obwohl ein Beleg dafür, dass ein Wolf Menschen getötet hat, lange nur in einem einzigen Fall existierte, nämlich von 1821. Es ging um einen Wolf, der als Welpe gefangen genommen worden war und unter Menschen aufwuchs, später freigelassen wurde, aber den natürlichen Jagdinstinkt verloren hatte, so dass er in das Dorf zurückkehrte und dort Kleinkinder tötete. Im Sommer 2012 allerdings ist tatsächlich eine Tierpflegerin in Kolmårdens Djurpark von einem Wolfsrudel angegriffen und getötet worden. Sie soll sich allein in ein Gehege gewagt haben. Nach Ansicht von Wolfskennern ist ein solches Ereignis sehr ungewöhnlich. Trotzdem darf man die Wölfe jetzt nicht mehr streicheln.

Wölfe reißen oft eine große Anzahl von Schafen oder anderem Nutzvieh, ohne das gesamte Fleisch zu fressen. Der Ausdruck »hungrig wie ein Wolf« spricht für sich. Für solchermaßen getötete Tiere wird der Besitzer zwar vom Staat entschädigt, aber man versteht natürlich den Zorn und auch die Trauer über die getöteten Tiere. Gelegentlich geschieht es auch, dass Wölfe Hunde anfallen und töten, die bei einem Waldspaziergang nicht angeleint sind – der Wolf sieht sie als Konkurrenten um das Revier.

In der Nähe unseres Hauses in Bohuslän, quer über dem

See, liegt eine ausgedehnte Wildnis, Kynnefjäll, wobei das Wort Fjäll hier nicht hohe Berge, sondern eher eine Entsprechung zum englischen »Highland« bedeutet. Im Kynnefjäll gibt es Wälder, Moore, Heideflächen, Seen und reichlich wilde Tiere, besonders Elche, Füchse, auch Wölfe, Luchse und Biber, aber nur wenige Menschen. Im Sommer hatten zwei friedliche Damen, die hier ihren Urlaub verbrachten, beim Pilzesammeln ein aufregendes Erlebnis: Sie hatten eine herrliche Pfifferlingskolonie entdeckt und waren gerade dabei, triumphierend ihren Korb zu füllen, als sie ein deutliches Heulen hörten. Die Damen gerieten in Panik, rannten von ihrem Korb weg, und mit Kräften, die sie sich nicht zugetraut hätten, saßen sie plötzlich auf einem Baum. Sie *sahen* die Wölfe nicht, aber sie *hörten* sie. In dieser Wildnis funktionierte zwar ihr Handy nicht, aber wenigstens konnten sie den Notruf 112 wählen. Nach einer Weile wurden sie gerettet und durften ihre Pilze mit nach Hause nehmen (Wölfe mögen keine Pilze). Immerhin betonten diese tapferen Damen anschließend, dass sie trotz allem der Meinung seien, wir sollten Wölfe in Schweden haben.

Wolfsexperten zufolge war das Heulen von einer Wolfsfamilie gekommen, deren Mitglieder an verschiedenen Stellen gejagt hatten und die sich jetzt am Nachmittag zusammenriefen. Wir übrigen Sommergäste wurden von den Experten aufgefordert, uns nicht davon abschrecken zu lassen, dass es in diesem Gebiet Wölfe gibt, sondern weiterhin unsere Pilze und Beeren zu sammeln. Ich selbst würde gern einmal bei meinen Waldwanderungen einem Wolf begegnen. Eine Begegnung mit einem Bären hingegen würde mich in tiefsten Bärenschauder versetzen – ich würde vermutlich vor Schreck sterben, bevor der Bär wirklich bei mir wäre.

Der Wolf gilt heute in Schweden als stark gefährdet. Wie war das noch mit der biologischen Vielfalt – sollte der Wolf da etwa nicht mit einbezogen werden?

VORFRÜHLING

»Es war nicht Tag, es war nicht Nacht, es wägte zwischen beiden«, schreibt der schwedische Dichter Esaias Tegnér in seinem einst so bewunderten Wikingerepos *Fritiofs Saga* von 1825. Jetzt im frühen April 2011 können diese Worte auf das schwedische Vorfrühlingswetter angewendet werden: »Es war nicht Winter, es war nicht Frühling, es wägte zwischen beiden.« Wie wahr, aber Tegnérs Rhythmus geht natürlich verloren.

Während die Wetterkarte unten auf dem europäischen Kontinent Sonne, Frühjahr und milde Winde zeigt, bleibt hier oben bei uns der Winter hartnäckig hängen. Lange. Die beiden letzten Winter waren fast genauso kalt und schneereich wie die Kriegswinter in den vierziger Jahren.

Der April ist eine launische Zeit, wenn das schwedische Wetter zwischen Sonnenstunden, in denen der Schwede sein Gesicht mit Wohlbehagen dem Licht zuwendet, und Schneefällen wechselt, bei denen er das Gesicht verzieht und sich mit hochgezogenen Schultern duckt, um sich vor der eisigen Kälte zu schützen, die Mächte des Wetters verfluchend.

Der März war grau und düster und alle haben sich verbissen nach einer Wetteränderung gesehnt. Ich habe noch ein paar Tage Zeit, um meinen allzu großen Garten auf die Ankunft des Frühlings vorzubereiten. Die Farben sind mild, das bleiche Gelbgrün des Rasens sticht ab von dem Hellbraun des Herbstlaubs, verdorrt wirbelt es in seinem Tanz in den heftigen Windböen. Das Astwerk der Birken hat diese braunlila Farbe, die bald, wenn die Knospen aufplatzen, in Hellgrün übergeht. Zwischen dem Herbstlaub in den Beeten zittern weiße Schneeglöckchen im Wind. Nach dem letzten Frühlingsregen ist der Schnee fast vollständig verschwunden, nur in schattigen Nordlagen halten sich noch ein paar schmutzige Reste.

Aber gerade an diesem Tag, dem 9. April, ist das morsche Eis auf dem See wie mit einem Zauberschlag verschwunden, und das Wasser ist befreit. Im frischen Wind schlagen die Wellen hoch. Von den großen, gleichsam wogenden Äckern bis hin zum Horizont hört man das laute Trompeten der Kraniche. Zu dieser Jahreszeit versammeln sie sich, stehen da in kleinen Gruppen auf ihren beängstigend schmalen langen Beinen und werden bald ihren eigenen Geschäften nachgehen.

Es muss dasselbe Kohlmeisenpaar wie letztes Jahr sein, das zu seinem Nest in einem kleinen Rohr zurückgefunden hat, welches nur einen halben Meter über dem Beet aus der Wand ragt. Ist das wirklich eine gute Wahl für ein Nest? Fürchten sie nicht die Katze? Das Elternpaar und seine Küken werden doch sicher gestört, wenn wir oberhalb von ihrem Dach herumstapfen? So viele Vogellaute hört man – ich ärgere mich gewöhnlich darüber, dass ich viel zu wenige davon kenne. Jetzt ist es wohl zu spät, um sich dieses Wissen anzueignen. Am lautesten von allen schreien die Kraniche. An diesem windigen Tag lohnt es sich nicht, das ganze Herbstlaub zusammenzuharken, das die Ahorne und Eichen im Oktober und November nah am Haus fallen lassen. Diese Aufgabe ist außerdem furchtbar langweilig, Fuhre für Fuhre muss zum Komposthaufen gebracht werden, und so bin ich nur froh darüber, die Arbeit noch ein bisschen hinauszuschieben. Aber ich weiß, die Zeit drängt – unter den Schichten von Laub verstecken sich Knospen, die befreit werden müssen, um ans Licht zu kommen. Nachts ist es wieder fast am Gefrierpunkt. Armes Vaterland!

Aber am nächsten Morgen wirkt die Welt verändert. Die Sonne scheint schon früh, und es ist fast windstill. Über Nacht ist es richtig Frühling geworden. Eine frühlingstrunkene Hummel brummt zwischen den Schneeglöckchen herum, und schau: Auch ein früher gelber und prächtiger Zitronenfalter flattert vorbei. Alles wird köstlich, ich setze mich mit meinem Kaffee und meiner Zeitung in die sonnige Ecke und genieße den Morgen. Es ist nicht verwunderlich, dass das Wetter eins der häufigsten Gesprächsthemen der Schweden ist. In tropischen Gebieten, wo die Sonne ständig scheint, ist dieses Thema vermutlich weniger aufregend. Jetzt werden die Beete vom Herbstlaub befreit, und nach nur wenigen Stunden schlagen die gelben, weißen und lila Krokusse aus. Nur wer sich durch einen langen Winter geduckt, gefroren und geschnieft hat, versteht, wie dieser starke Frühlingsrausch sich anfühlt, und auch wenn wir Schweden wissen, dass uns immer ein Rückfall, wie Schnee am 1. Mai, treffen *kann*, geben wir uns hemmungslos unseren Frühlingsgefühlen hin.

Zwei Meilen westlich liegt die Nordsee. Trotz allem, was gerade an diesen Tagen im Garten zu erledigen ist, können wir ihrem starken Sog nicht widerstehen und besuchen das Naturschutzgebiet. In dem Bewusstsein, dass wir uns hier auf jungfräulichem Boden bewegen, sprechen wir nicht viel miteinander. Die großartige Landschaft lässt uns verstummen. Uns ist andächtig zumute. Das Gebiet heißt Tjurpannan und liegt südwestlich von dem noch ziemlich intakten Fischerdorf Havstensund.

Hier in Tjurpannan gibt es keinen schützenden äußeren Schärengarten – Seefahrer fürchteten mit Recht die ungezügelte Raserei des offenen Meers, wenn die Stürme hier vorbeiziehen, denn es gibt viel seichten Boden und gefährliche Untiefen, bei Sturm spritzt der Meeresschaum hoch in die Luft, und die Wellen schlagen ohrenbetäubend gegen die Felsen. Viele Seefahrer sind hier ertrunken. Es heißt auch, in diesem armen Teil von Bohuslän hätte es Leute gegeben, die an den Stränden Feuer machten und die Seeleute auf diese Weise in die Irre führten. Von den Mächten des Wassers betroffen, versuchten diese zum Land hin zu steuern, wo sie ausgeplündert und erschlagen wurden.

Wir gehen auf einem kleinen Pfad über kargen Boden und Felsen, wo Pflanzen wie Wacholder, Weißdorn, Geißblatt und Heckenrosen von den Stürmen geformt worden sind – hier gibt es keine hohen Bäume, die wenigen ducken sich unter dem Wetter und kriechen tief am Boden entlang.

Eine frühe Kreuzotter, noch etwas träge, schlängelt sich auf dem Pfad vor uns. Riesige Ansammlungen von Kopfsteinen türmen sich, mittlerweile geschützt, in großen Haufen und erinnern daran, wie sich diese Landschaft geformt hat. Welche ungeheuren Kräfte müssen damals geherrscht haben! In diesem Berg gibt es auch riesige Höhlen und sogenannte »Eggenstreifen des Satans«, also gestreifte Einschläge von Basalt im Granit. Als hätte der Teufel persönlich die Egge über die Felsen gezogen. Die Landschaft hat einen urzeitlichen und ursprünglichen Charakter – hier gibt es Heide und ein Stück weiter ein paar Süßwassertümpel, wo das Gras noch bleich und verfilzt ist. Ein Gebiet nahe am Meer ist eingezäunt, und da gehen später im Jahr Tiere auf die Weide, um die Landschaft offen zu halten, genau solche Tiere, wie es sie in einer sehr frühen Landwirtschaftsgesellschaft gab. Sie haben wirklich nicht viel zu fressen!

Die Sonne scheint und wärmt ein wenig, aber der Wind weht noch kühl, und das Meer vor uns ist blauer als blau – wir sehen, dass ein vereinzelter Segler sich schon hinausgewagt hat. Die Klippen am Meer sind sanft gerundet, reingespült, wirken fast weich. Gerade jetzt ist es lebensgefährlich, sie zu betreten, ein kleiner Fehltritt auf dem seifenglatten Untergrund, und man landet in dem saugenden, wirbelnden Meer. Auch wenn man nicht an der Klippe bewusstlos geschlagen wird, hat man keine Chance, hier wieder herauszukommen, die Hände finden keinen Halt.

Aber im Sommer ist es überaus angenehm, auf diesen Klippen zu liegen. Der Körper formt sich nach ihnen. Im letzten Jahr, an einem Augusttag, haben wir von weitem einen ekligen Gestank wahrgenommen, und als wir uns näherten, sahen wir ein mehrere Meter langes Meeressäugetier, zwischen den Ufersteinen angespült. Davon ist keine Spur zurückgeblieben.

Noch haben die Strandkräuter nicht zu blühen begonnen, aber viele knospen schon. Hier draußen an der Küste ist das Klima rauher als im Inland, und alles kommt später. Sonst wachsen hier Grasnelken, Stiefmütterchen, Heckenrosen, Moorbeeren, Meerkohl und andere meeresnahe Pflanzen.

Oft sind wir ganz allein, wenn wir hier herumstreifen, aber jetzt, bei diesem köstlich sommerlichen Wetter, treffen wir kleine Gruppen von naturliebenden Menschen, und viele von ihnen sprechen in diesem Grenzland Norwegisch.

DAS LÄCHELN DER MITTSOMMERNACHT

Der milde Juniwind geht durchs Gras. Eine Regenperiode ist gerade zu Ende gegangen, und es scheint, als würde der Mittsommerabend genauso schwindelerregend schön, wie man es das ganze Jahr erhofft hat. »Die Juninacht nicht dunkeln mag, sie gleicht einem betauten Tag«, sagt der Poet Harry Martinson. Nein, in dieser Nacht geht die Dämmerung bald ins Morgengrauen über. Oberhalb des Polarkreises sinkt die Sonne nicht unter den Horizont, so dass es die ganze Nacht über hell bleibt. Hier befinden wir uns im Land der magischen Mittsommersonne. Viele halten es für überflüssig, in dieser Nacht ins Bett zu gehen, in der die Natur fast zu schön ist – wie soll man als hinfälliges menschliches Wesen all dieser Schönheit würdig sein? Und man will so gern jemand haben, mit dem man gerade an Mittsommer seine Gefühle teilt. »Man sollte gar nicht schlafen, zu zweit sollte man sein …«

Wie einige andere schwedische Feiertage hat auch der Mittsommer heidnische, vorchristliche Wurzeln. Die Natur war zu dieser Zeit auf besondere Weise aufgeladen, wenn übernatürliche Kräfte walteten. Ein Opferfest für die Götter der Fruchtbarkeit kann der Ursprung des Mittsommerfestes gewesen sein. Im Zusammenhang mit dem längsten Tag des Sommers, also der sogenannten Sommersonnenwende, feierte man – unsere heidnischen Vorfahren wussten, wann es Zeit war. Heute verlegt man Mittsommer auf einen Freitag zwischen dem 21. und dem 25. Juni.

Es gibt ganz spezielle Traditionen, die mit dem Mittsommerfeiern verknüpft sind, aber sie sind eigentlich nicht älter als ungefähr hundert Jahre. Beginnen wir mit dem Essen – was sollen wir an diesem Mittsommertag auftischen? Natürlich sitzen wir, wenn es nicht Bindfäden regnet, zum Essen im Freien, auch wenn es gegen Abend etwas kühl werden kann. Aber wie Wikipedia ganz trocken mitteilt: »Verbunden mit dem Mittsommerfest gibt es auch eine Tradition des Alkoholkonsums, weshalb das Mittsommerwochenende einer der Zeitpunkte im Jahr ist, an dem die meisten Besäufnisse und Schlägereien stattfinden.«

Und so ist es. Wir servieren natürlich Bier und Branntwein zum Essen, und wenn man den Grund mit Branntwein gelegt hat, friert man kaum. Zu diesen Getränken gehören junge Kartoffeln – sind sie in unseren schwedischen Pflanzungen noch nicht gereift, müssen wir eben Kartoffeln aus einem wärmeren Land importieren. Verschiedene Sorten von marinierten Heringen mit Sauerrahm und Schnittlauch schmecken für uns ganz einfach nach Mittsommer. Dazu gibt es hartes Knäckebrot mit Butter und verschiedenen Käsesorten. Was wir dann als warmes Gericht servieren, kann variieren – das ist nicht so wichtig wie der Hering und die jungen Kartoffeln, aber wir *müssen* zum Nachtisch schwedische Erdbeeren auftreiben. Koste es, was es wolle. Und das kann teuer sein.

Vor dem Essen haben wir mit Kindern und Freunden an dem traditionellen Tanz um den Maibaum teilgenommen. Den haben die Schweden wahrscheinlich gegen Ende des Mittelalters aus Deutschland übernommen. Auf dem Kopf tragen wir einen schönen Blumenkranz, am besten selbst gebunden – angeblich wollten unsere Vorfahren die Kräfte des Sommers in einem Kranz versammeln, um sie für das ganze Jahr zu bewahren. Wir halten einander an der Hand und tanzen im Reigen um den Maibaum, der meistens sehr hoch ist und mit einer Querstange ein Kreuz bildet, geschmückt mit Birkenzweigen, schwedischen Flaggen und allen wilden Blumen des Mittsommers: Margeriten, Klee, Kamille, Vergissmeinnicht, Glockenblumen, Schafgarben, Akelei und vielen anderen Arten. An der Querstange hängen traditionell zwei Blumenkränze. Aber natürlich gibt es zahlreiche Varianten des Maibaums. Die Stange aufzurichten hat etwas von einer Mannbarkeitsprobe, aber man tut es mit gemeinsamen Kräften.

Und es gibt viele Lieder, die man singt und zu denen man tanzt – man kann auch an verschiedenen Spielen und Umzügen teilnehmen. Wenn wir Glück haben, ist eine Gruppe von Musikern zur Stelle, die auf traditionellen Instrumenten wie Ziehharmonika, Geige oder Schlüsselgeige für uns aufspielt. Hat man noch nie eine Gruppe von Schweden um den Maibaum tanzen sehen, wird man sich wundern, wenn man erwachsene Männer und Frauen zu dem Lied »Die Fröschlein« herumspringen sieht, wobei auf dem Höhepunkt alle linkisch (der Hexenschuss!) um die Stange hüpfen wie die Frösche und mit den Händen zeigen, dass sie weder Ohren noch Schwänze haben:

Die Fröschlein
die Fröschlein
wie lustig sind doch die.

Keine Schwänze
keine Schwänze
keine Ohren haben sie.

Aber was tut man nicht alles für die Kinder!

Bevor man zu Bett geht, soll man gemäß der volkstümlichen Sitte hinaus auf die Wiesen gehen und sieben (oder neun) Arten von Blumen pflücken und sie unters Kopfkissen legen. Wenn man seinen Strauß beisammenhat, darf man nicht mehr sprechen. Dann wird man von seinem Zukünftigen träumen, also ein Traum, der in Erfüllung geht. Manche sagen auch, man soll über sieben Holzzäune springen, aber wo gibt es die heute noch?

Reue und Mittsommer gehören zusammen. Es ist nicht nur das Trinken, das uns Schweden dazu bringt, uns an diesem Abend melancholisch zu fühlen, ganz zu schweigen vom Tag danach, dem Mittsommertag. All diese Träume, all diese Hoffnungen, die so selten in Erfüllung gehen, sind zusammengenommen überwältigend. Zwar liegt dieser ganze wunderbare Sommer vor uns, aber jetzt wendet sich das Jahr, und die Nächte werden langsam dunkler.

Und der Juniwind geht durchs Gras.

DAS OSTSCHWEDEN, DAS VERSCHWAND

Hin und wieder kommen Besucher aus fernen Ländern wie Texas oder China hierher ins Södermalm der Poeten. Bei einer Fahrt mit der Buslinie zwei lassen sie sich ganz wunschgemäß von der Schönheit der Ausblicke, besonders von der Stigbergsgatan aus, hinreißen und von dem kolossalen Format der Finnlandschiffe beeindrucken.

Sehr häufig wird man dann gefragt: Wie kommt es, dass die Schweden ihre Hauptstadt an einem so eigentümlichen Ort angelegt haben, am östlichen Rand eines Meeres, das keine direkte Verbindung zu einem anderen Kontinent als dem eigenen hat? Warum nicht Göteborg? Von dort aus erreicht man ja alle Weltmeere. Oder warum nicht Östersund, das so nahe der Mitte des Landes liegt und noch dazu an einem sehr schönen See?

Die Antwort fällt uns, die es wissen, ja leicht. Stockholm *liegt* zentral – nämlich in einem alten Reich, das es nicht mehr gibt.

Auf einer Sphärenfläche kann man das Zentrum plazieren, wo man will. In Ostrom war das Zentrum der Welt der Ort in Istanbuls Hagia Sophia, wo die byzantinischen Kaiser gekrönt wurden. Der große Kanzler, Axel Oxenstjärna, hatte eine andere Idee. Er entwarf 1640 – zur Zeit von Königin Kristina – einen Plan, der darauf hinauslief, dass Schweden *zwei* Hauptstädte mit wechselnden Regierungssitzen haben sollte; Stockholm und Narwa. Stockholm allein lag dem Plan gemäß für die Bedürfnisse des großen quadratischen schwedischen Reichs viel zu weit im Westen. Narwa, an der Mündung des gleichnamigen Flusses im südlichen Finnischen Meerbusen gelegen, nach dem Rückzug der Deutschen aus Estland nur noch ein Schutthaufen, ein jämmerlicher kleiner Ort unter der grenzenlos brutalen Kolonisierung des Sowjetimperiums mit Umsiedlungen und Massenmord, ist noch heute eine Grenzstadt zwischen dem richtigen Europa und dem großen, unbegreiflichen Russland. Dieses Narwa war 1640 eine blühende Stadt mit großen Entwicklungsmöglichkeiten und ein geeignetes Zentrum für die mehr oder weniger koloniale schwedische Entwicklung von Livland und Ingermanland. Jahrhundertelang blieb Narwa die Grenze der westlichen Zivilisation. Ein bisschen im Stil von Tolkiens Märchenzyklus *Herr der Ringe* – eine düstere und ernste Grenzfestung zwischen dem Land Mordor und ihrem Gegenstück auf der anderen Seite des Flusses, oder vielleicht wie zwei Türme, die einander auf dem Schachbrett gegenüberstehen.

Wir haben ja das Fazit in der Hand. Wir wissen einiges – aber nicht alles – über die ungeheuerlichen Leiden der baltischen Länder, oder glauben es zumindest zu wissen. Erst unter deutscher, dann jahrzehntelang unter sowjetrussischer Besatzung. Wir wissen, dass Finnland genau dasselbe Schicksal erlitten hätte, wäre es der jungen Republik nicht gelungen, sich 1939 zu sammeln und der Roten Armee das zuzufügen, was sicherlich eine der größten Niederlagen der Weltgeschichte ist. Ein Thermophyle, dem vermutlich jeder heutige Schwede etwas zu verdanken hat.

Bemerkenswert ist natürlich die eigentümliche Verdrängung, fast im Sinn der Psychoanalyse, die in Schweden so lange die öffentliche Rede geprägt hat, was die baltische Region betrifft, und vielleicht besonders das Leben und das Schicksal der Schweden in diesem Gebiet. Das gilt nicht nur für die unsägliche Äußerung des früheren Außenministers Sten Andersson, Estland, Lettland und Litauen seien nicht von den Sowjets besetzt. Was um Gottes willen waren sie dann? Es geht um eine ganze umfassende Kultur, von der heute fast nur das schwedische Finnland mit Åbolands idyllischen Dörfern und den angenehmen Veranden der Sommerhäuschen wie eine Art Idealfall übriggeblieben ist. Natürlich: Tomas Tranströmer schrieb die Gedichtsuite »Ostseen«, die – obwohl Lyrik – ganz und gar nicht unwichtig war. Carl Bildt, Per Unckel und viele andere Politiker hatten mit ihren treuen und beharrlichen Kundgebungen auf dem Norrmalmstorg große Bedeutung.

Ich selbst hatte während dieser Jahre den Eindruck, dass bezüglich des Baltikums eine Art perverses Diskursverbot herrschte. Die Gründe dafür sind vermutlich ziemlich kompliziert. Nicht nur die aus der Sowjetunion importierten Propagandagrammophone, sondern auch ein subtiles Schuldgefühl spielten dabei eine Rolle.

Wer weiß heute noch, dass Sankt Petersburg um 1900 genauso viele schwedische Einwohner hatte wie das Västerås der Jahrhundertwende? (Dazu gehörten zum Beispiel die Familie Nobel, die Eltern der Lyrikerin Edith Södergran, eine ganze intellektuelle und technische Elite.) Oder dass dort, wo Sankt Petersburg liegt, sich einst eine frühmittelalterliche schwedische Festung an den Ufern der Neva erhob.

Das heutige Schweden hat dem Osten den Rücken zugekehrt. Und so wird es wohl bleiben.

EINE FAHRT MIT DER BUSLINIE ZWEI

Der große, mütterliche Bus, »die Zwei«, geht von Barnängen in Södermalm bis hin zum Norrtull in Norrmalm, durchquert also fast die gesamte Innenstadt von Stockholm. Die Zwei ist einer der zuverlässigsten Busse – er fährt oft, kommt manchmal sogar ein oder zwei Minuten vor der Zeit, und seine Strecke ist eine der allerschönsten. Ich frage mich, ob die Busfahrer dieser Linie nicht sogar ein bisschen lustiger und freundlicher sind als die der übrigen.

Frühmorgens können wir von unserem Fenster aus ganz nahe der Endhaltestelle oder, wenn man so will, der Starthaltestelle der Zwei am Herrenhaus von Barnängen sehen, wie eine schwarzgekleidete Schar dort wartet, an einem Februarmorgen starr vor Kälte, jeder in seinem Schweigen eingeschlossen, unterwegs zur Arbeit. Wenn es etwas heller geworden ist, sind die Kindergartenkinder an der Reihe; Mütter und Väter mit kleinen Kindern steigen in Trauben in den Bus ein, einige kommen wie bei einem Hundertmeterlauf hinter dem Kinderwagen angerannt – alle sind ja gleichzeitig mit der Fähre von dem neugebauten Stadtteil Hammarby sjöstad gelandet. Den Stadtplanern gemäß war dieser Stadtteil für ältere Personen gedacht, die ihr Haus verkauft haben und etwas Kleineres suchen, bequemer und mit dem Luxus eines eigenen Boots direkt vor der Wohnung im Hammarbysjön, statt dessen ist dieser Stadtteil vor allem von jungen Eltern mit kleinen Kindern bewohnt. Ein kleiner Planungsfehler. Es wurde bald nötig, Kitas und Schulen für die neuen Bewohner zu bauen.

Die Kleinkinder, eingeschlossen in ihrer eigenen Subkultur, gucken einander interessiert an, nachdem sie erst ordentlich im Bus verstaut worden sind und die Eltern ihre iPhones hervorgeholt haben und darauf herumtippen – ein schluchzendes Mädchen hört abrupt auf zu weinen, als es dem Blick eines anderen kleinen Mitgefangenen im Kinderwagen neben sich begegnet. Der eine oder andere Erwachsene verliert sich in innigem Lächeln zu einem auserwählten Kind hin.

Wir, die wir seit einiger Zeit von der Lohnarbeit befreit sind, schlendern gewöhnlich erst gegen zehn, elf zum Bus, um in der Stadt Besorgungen zu machen, und dann gibt es nur eine spärliche Anzahl von Passagieren: Man sieht den einen oder anderen Gentleman mit Rollator, ein paar weißhaarige Freundinnen, die auf die gleiche Weise plaudern wie eh und je, aber auch jüngere Personen, die ganz in ihre Handygespräche vertieft sind, denen man sehr interessante Details entnehmen kann.

Eine kleine Armee von Kitakindern in bunten Kleidern und mit Rucksäcken marschiert im Gänsemarsch zum Bus, immer zu zweit, Hand in Hand, unter der Aufsicht der Kindergärtnerinnen, vermutlich auf dem Weg zum Spielzeugmuseum oder zum Eisenbahnmuseum in der Nähe, besteigt den Bus und zieht bald in derselben Ordnung wieder ab, im Gegensatz zu einem Haufen von lärmenden Mittelstufenschülern der Sofiaschule. Beim Einsteigen wiederholt sich dasselbe Schauspiel, an das wir uns von ähnlichen Ausflügen früher erinnern: Die Anführer rennen im Bus nach hinten und besetzen die begehrtesten Plätze – während die tapfere Lehrerin sich bemüht, die johlende Gruppe zusammenzuhalten. Wenn sich alle wieder hinausgedrängelt haben, sind die Stille und Erleichterung deutlich zu spüren. Wir Zurückgebliebenen atmen auf und schicken der Lehrerin einen kollektiven, mitleidigen, aber zugleich tief empfundenen Dank hinterher.

Der Bus folgt seiner üblichen Route hoch über dem Wasser entlang dem Katarinavägen hinunter zum Slussen. Der Ausblick auf das Wasser von Saltsjön und die Silhouette der Stadt mit ihren historischen Häusern, Prachtgebäuden und Kirchtürmen gehört zu den schönsten Stadtansichten – und die bekommen die Busreisenden umsonst, während sie mehr oder weniger widerwillig zu ihrer Arbeit, zur Schule oder sonst wohin befördert werden.

August Strindberg hat sie für immer in die Weltliteratur eingeschrieben – im Einleitungskapitel »Stockholm aus der Vogelperspektive« des Romans *Das rote Zimmer* (1879) beschreibt er, wie der Wind vom Meer her kommt, das man weit hinten am Horizont ahnt, vorbei an Sjötullen, über die Bucht über Siklaön, hin nach Danviken, wo der Wind »erschreckt wird« (von den Geisteskranken im Hospital von Danviken), und hin zum Stadsgården tief unter uns, wo es zu seiner Zeit nach Kohle, Teer und Tran roch, heute aber hauptsächlich nach den Abgasen all der Autos, und dann hinauf zu dem kleinen Garten am Mosebacke.

Eine monströse Finnlandfähre, eher ein schwimmender Vergnügungspalast als ein Schiff, die unter uns am Kai vertäut ist, verzerrt die Perspektive und verdeckt einen Teil des atemberaubend schönen Ausblicks. Aber im Großen und Ganzen ist es derselbe, wie Strindberg ihn am Ende des

19. Jahrhunderts hatte, und die Schreie der Möwen klingen genauso, damals wie heute.

Am Slussen leert sich der Bus, die Menschen eilen gehetzt, oft unter Missachtung der roten Ampel, zur Weiterfahrt hinunter zur U-Bahn. Der Slussen ist ein wichtiger und beliebter Knotenpunkt zwischen den Stadtteilen Södermalm und Gamla stan, aber auch eine Wasserschleuse, die den Mälarsee mit dem Meerwasser verbindet – dieser Ort ist auch bekannt für seinen kleeblattförmigen Kreisel von 1935. Katarinahissen, ein öffentlicher Personenaufzug von 1936, erhebt sich über dem Ganzen und verbindet den Katarinavägen mit dem Platz Mosebacke, wo Strindbergs Roman beginnt. Unter der Fußgängerbrücke zwischen dem Aufzug und Mosebacke liegt das Restaurant Gondolen, wie eine Luftschiffgondel im Stil der 1930er Jahre geformt, eins der klassischen Lokale von Stockholm, wo man gut isst, während man in einer strindbergschen Vogelperspektive über das Wasser und die Stadt hinausschaut. Das gesamte Slussengebiet ist jetzt von einem umfassenden Umbau bedroht, dem die Stockholmer äußerst skeptisch gegenüberstehen.

Aber der Bus ruckelt weiter, passiert die Skeppsbron und die kompakte Masse des Schlosses, gleitet vorbei am Kungsträdgården, der für immer in die moderne Stadtgeschichte eingeschrieben ist, weil hier der Kampf um die Ulmen stattfand, die wegen des Baus einer neuen U-Bahnstation gefällt werden sollten, aber von einem massiven Aufgebot von protestierenden Stockholmern gerettet wurden, ja, schaut mal, da stehen sie noch!

Die Buspassagiere sehen auch einen Schimmer von den weißen Schärenbooten, die so lange am Kai unterhalb des Grand Hotels der Nobelpreisträger liegen, bis sie mit ihren

Passagieren in den weitgestreckten Schärengarten hinaussteuern. An diesem Tag befinden sie sich in der Gesellschaft von Hunderten weißer Schwäne, die offenbar gerade hier ihren Kongress abhalten. Futter bekommen sie von dem Vogeltisch gleich nebenan.

Der Bus müht sich weiter, hält am Norrmalmstorg, wo eine Gruppe von korrekt gekleideten und ordentlich frisierten Männern einsteigt, vermutlich unterwegs zu einem Geschäftstermin oder -lunch, und der Puls beschleunigt sich, als der Bus sich dem Stureplan nähert, wo sich an den Freitag- und Samstagabenden das Vergnügungs- und Restaurantleben konzentriert.

Hier treffen bekannte Stockholmer Straßen wie Kungsgatan, Birger Jarlsgatan, Biblioteksgatan und Sturegatan aufeinander, und es herrscht ein unermüdliches Gewimmel. In der warmen Jahreszeit hat man das Gefühl, in einer kontinentaleren Stadt als Stockholm zu sein, denn hier liegen die Restaurants, Bars und Straßencafés dicht an dicht, und die schöne Welt versammelt sich an diesen Anziehungspunkten, unter denen der traditionsreiche Sturehof, schon in den 1897er Jahren ein Restaurant, seine dominierende Stellung durch all die Jahre hindurch bewahrt hat.

Ein seltsames Phänomen an den Freitag- und Samstagabenden sind die Warteschlangen, in denen die Leute geduldig ausharren, von einem muskulösen Türsteher überwacht, mit dem man sich gut stellen muss. Den höchsten Status hat man erreicht, wenn man an der Schlange vorbei und direkt in die Wärme eines der Lokale am Stureplan schlüpfen darf. Dann ist man jemand und wird eifersüchtig, oder vielleicht beeindruckt, von den übrigen Wartenden beäugt.

Aber das kümmert den Bus überhaupt nicht, wenn er

entlang der Birger Jarlsgatan weiterfährt und in die Odengatan einbiegt, vorbei an Asplunds berühmter Stadtbibliothek mit ihrer charakteristischen Rotunde, auch sie in der Gefahrenzone für einen unsensiblen Ausbau, der allerdings vorerst gestoppt ist.

Jetzt ächzt der Bus hinauf zum Odenplan, um schließlich seine Endhaltestelle Norrtull zu erreichen, wo zwei alte Zollhäuser aus dem 18. Jahrhundert liegen, die der Abrisswut der 1960er Jahre entkommen sind. Es fühlt sich wirklich so an, als ob die richtige Steinstadt, die Stadt zwischen den Zöllen, hier endete. Und an dem stark befahrenen Knotenpunkt mit seinen Verkehrsadern befinden wir uns auch bereits in einer ganz anderen Gemeinde, nämlich in Solna.

DIE GERÄUSCHE DER STADT

Ein Mann ist alle Männer gewesen, sagt Borges in seinem wunderbaren Prosagedicht über William Shakespeare.

Es ist verlockend, wie ein Echo zu antworten: Ein Stockholmer ist alle Stockholmer gewesen. Nämlich August Strindberg.

August Strindberg kehrt in den 1890er Jahren von einem seiner langen Auslandsaufenthalte zurück und findet alles verändert. Die Veränderung ist vielleicht geringer als jene, die ein Zeitgenosse zwischen dem Stockholm der 1950er Jahre und dem des 21. Jahrhunderts erleben könnte. Doch davon weiß Strindberg nichts.

Während die Schriftsteller der sechziger und siebziger Jahre die makabre Verwüstung rings um die Malmskillnadsgatan und die Errichtung des öden und unangenehm machtvollkommenen Sergels Torg sehr wohl als etwas durch und durch Negatives empfanden, sind Strindbergs Reaktionen auf die umwälzenden Veränderungen seiner Zeit positiv.

Verschwunden sind die alten Tabakbeete und die kleinen Holzhausviertel, die sich heutzutage nur noch in ein paar isolierten Teilen von Södermalm finden. Dafür ist dort die Moderne eingezogen: Avenuen und Esplanaden wie in Paris und Berlin. Hohe Fassaden mit mächtigen Ansprüchen, Hinterhäuser mit Dienstboten, arme Leute in den kleinen, schattigen Wohnungen auf den Hof hinaus.

Das Wort »modärn« figuriert in den auf Strindbergs Art detaillierten Bühnenanweisungen in mindestens zwei von seinen fünf Kammerspielen.

> *Eine modärne Hausfassade mit Souterrain aus Granit, der obere Teil aus Ziegeln mit gelbem Verputz; Fenstereinfassungen und Ornamente aus Sandstein; mitten im Souterrain eine niedrige Tür zum Hof (–)*

Das »Modärne« ist wichtig.

Faszinierend sind auch die Geräuschkulissen, die Strindberg in den verschiedenen Bühnenanweisungen entwirft. Wenn der Vorhang in *Unwetter* sich hebt, hört man das Geräusch von vielen verschiedenen Kirchenglocken. In der *Gespenstersonate* lautet der akustische Teil der Bühnenanweisungen so:

> *Man hört eine Dampfschiffsglocke läuten, und die Bässe von der Orgel in einer nahe gelegenen Kirche unterbrechen hin und wieder die Stille.*

Für einen, der im Södermalm der 2010er Jahre wohnt, haben diese kleinen Geräuschvignetten, lange vor den modernen Aufnahmetechniken hergestellt – von Strindberg gibt es nur eine zerkratzte Phonographenrolle –, einen besonderen Kuriositätenwert.

Das Geräusch vieler verschiedener Kirchenglocken kann sich heutzutage möglicherweise an einem Silvesterabend in der frostklaren Luft durchsetzen. Gewöhnlich vermag das Glockengeläut den rauschenden Verkehr aber nicht so leicht zu übertönen. Der große Unterschied zwischen dem Stockholm der strindbergschen Kammerspiele und der Großstadt der 2010er Jahre ist das schrille Geräusch der U-Bahnen, wenn die Züge die hohen Brücken passieren, die Düsenjets, die auf dem Weg nach Bromma über Hammarby sjö hinweggleiten, und das nie ganz verstummende, immer mehr oder weniger gegenwärtige Rauschen des Autoverkehrs. Keine Pferdedroschken. Keine Regimentstrompeter. Ganz selten, wenn Prinzessinnen geheiratet haben oder fremde Staatsoberhäupter im Anzug sind, die dumpfen Salven der Salutbatterie auf Skeppsholmen. Strindberg interessierte sich sehr für die verschiedenen militärischen Signale von Reveille bis Zapfenstreich und deutete sie bald auf seine eigene Art, bald nach der volkstümlichen Tradition:

Der Leibgardist, er kommt bald zu Gott,
protzen die Trompeten …
Wenn der Zufall es will, wenn der Zufall es will,
erwidern die Trommeln.

Die moderne Stadt spielt mit einer viel größeren Lautstärke und größerer Monotonie auf. Die U-Bahn wechselt im Glissando von der Verlangsamung zur Beschleunigung, die Krankenwagen heulen wie die Wölfe in einer Winternacht in Västerbotten. Vom Vitabergspark kann der Wind an einem Sommerabend die Geräusche eines Fests mitbringen, mit der monotonen Musik eines der Rocksänger, von denen der eine nicht vom andern zu unterscheiden ist. Im Stadtzentrum wird der Hotelgast von dem unangenehm niederfrequenten Pochen der *subwafers* in den nahe liegenden Nachtclubs gestört. Dieses Stockholm haben der Verbrennungsmotor und die Elektronik in eine andere akustische Welt verwandelt. Die Geräuschkulisse, die Strindberg sich als eine dramatische Steigerung des visuellen Bühnenbilds vorstellt, würde sich dagegen heute wohl als zahm, diffus, harmlos ausnehmen.

Schließlich ist davon vielleicht nur noch das Geräusch von Kindern geblieben, die an einem Septemberabend auf dem Hof spielen, der Weg der Bälle über den Rasen, muntere Rufe und wütende Schreie, Signale aus einem Kindheitsland, das es die ganze Zeit dort gegeben hat. Seit dem fernen 19. Jahrhundert. Und noch darüber hinaus.

Nur wir sind es, die es ständig verlassen.

WAS MACHEN DIE SCHWEDEN?

Mir öffnet sich eine ganz neue Welt, wenn ich an einem Sonntagvormittag in meine alte Schreibwaren- und Tabakhandlung gehe, um eine Zeitung zu kaufen. Schon als ich die Tür aufmache, schlägt mir eine dichte und zugleich ausgelassene Stimmung entgegen. Sonst befinden sich dort selten mehrere Kunden gleichzeitig. Aber heute! An einem Sonntag! Der Laden hat sich in eine Spielhölle verwandelt. Das Publikum sieht jedoch weder schick noch gangsterhaft aus – vergesst alle Filme, in denen schöne Menschen in eleganter Abendkleidung mit Gläsern in den Händen und langen Zigarettenspitzen Hasard spielen. Vergesst auch Jugendliche vor einer Reihe von einarmigen Banditen, an denen gezogen und gehebelt wird und die bestenfalls eine Handvoll klingender Münzen ausspucken.

Nein, diese Menschen sind schon etwas angejahrt, die meisten sogenannte graue Panther – im Schneematsch vor dem Laden stehen ein Rollator und ein Tretschlitten, eine Limousine mit Chauffeur ist weit und breit nicht zu sehen. Die Wände sind mit großen Anschlägen tapeziert, auf denen der Laden zum möglichen Gewinn gratuliert, in einigen Fällen bis zu 100000 Kronen. Man steht in langen Schlangen an und wartet, bis man an der Reihe ist, während man munter über Glück und Pech scherzt und in den Augen die Hoffnung leuchtet, die magere Rente oder das Einkommen aufzubessern. Außerdem sucht man ein wenig Spannung im Dasein. Vielleicht gewinnt man nächstes Mal. Leider widerspricht die Vorstellung, der Laden, der einmal einen »Großgewinn« verkauft hat, würde »Glück bringen« und größere Gewinne als andere Läden bieten, jeder Wahrscheinlichkeitsrechnung. »Geld hat kein Gedächtnis«, sagt der Mathematiker.

Draußen läuten die Glocken mahnend – es scheint, dass nur achtzehn Personen an diesem Tag am Gottesdienst in der Kirche ein Stück weit vom Marktplatz entfernt teilnehmen, dies ist offenbar etwas, was der Schwede immer seltener tut. Er scheint seine Ohren vor den Verheißungen der Kirche auf einen himmlischen Lohn zu verschließen, zugunsten der Möglichkeit, schon hier auf Erden seinen Lohn zu erhalten. Ungefähr zweiundsiebzig Prozent der Bevölkerung sind immer noch Mitglieder der Schwedischen Kirche (einer ehemaligen Staatskirche). Die Anzahl der Mitglieder hat sich in den letzten zehn Jahren um zehn Prozent vermindert, dasselbe gilt für die Freikirchen.

Im Übrigen verbringen die Schweden viel Zeit auf dem Fernsehsofa. Freitag Abend gibt sich die Familie dem sogenannten Freitagsvergnügen hin, nachdem man Süßigkeiten, Chips und Limonade eingekauft hat – und für die Erwachsenen gern auch etwas Stärkeres. Entweder schaut man sich einen ausgeliehenen Videofilm an, oder man versammelt sich um die normalen Fernsehsendungen. Um Ärger unter den Familienmitgliedern zu vermeiden, ist es nicht ungewöhnlich, dass man in einem Haushalt mehrere Fernseher hat.

Seit einigen Jahren ist die Presse eine unheilige Allianz mit dem Fernsehen eingegangen – große Schlagzeilen am Tag nach den beliebtesten Fernsehsendungen zeugen davon. Man befruchtet sich gegenseitig. Nach einer Sendung wie »Let's dance« werden Dialoge, Kleidung, Aussehen und Unzulänglichkeiten der Teilnehmer lebhaft auf den Schlagzeilenplakaten, in Artikeln und in Beiträgen im Netz kommentiert – und die Spalten der Leserbriefe füllen sich mit Empörung. Ein Star aus einer Seifenoper erhält eine Zeitlang große Aufmerksamkeit, wird aber bald wieder vergessen – das Interesse dafür, wer in »Bauer sucht Frau« oder »Einsame Mutter sucht« ausscheidet und wer das Glück hat zusammenzubleiben, vielleicht sogar zu heiraten, den Bauern oder die Mutter, ist groß – aber flüchtig.

Übrigens bekommen die Schweden auch Kinder – sogar in den Großstädten gibt es einen Babyboom. Eine schwedische Frau gebiert durchschnittlich 1,86 Kinder, was im europäischen Maßstab recht gut ist. Die gesellschaftliche Unterstützung für Geburt und Versorgung ist hier besser als in den meisten anderen europäischen Ländern. Vor beliebten Cafés in Stockholm steht eine Armee von Kinderwagen – worüber sich einige Leute empören. Sie sollten lieber bedenken, wie wichtig das tatsächlich ist. Wer soll sonst für unsere zahlreiche Generation der »Vierziger« sorgen, wenn wir allmählich *Pflege* brauchen? Es hat auch eine hitzige Debatte darüber gegeben, inwieweit es akzeptabel ist, dass Mütter ihre Kinder öffentlich stillen. Diejenigen, die dagegen wettern, haben offenbar verdrängt, wie sie selber ihre Nahrung bekamen, als sie klein waren.

Haben die Schweden noch Zeit, Bücher zu lesen, fragen sich viele besorgt, besonders diejenigen, die sich über den Verfall der Jugend beklagen und meinen, früher sei alles besser gewesen. Die Ansichten darüber sind geteilt; dem Schwedischen Statistischen Zentralbüro zufolge ist das Lesen seit den 1980er Jahren nur unwesentlich zurückgegangen (es ist schwierig, die entsprechenden Fragen so zu formulieren, dass man vernünftige Antworten bekommt), aber gemäß Eurostat, dem Statistikbüro der EU, das kürzlich den Europäern verschiedener Länder die Frage stellte: »How many times in the last year have you read a book?«, liegen die Schweden sogar an der Spitze. *Was* der Schwede liest, ist eine andere, unbeantwortete Frage. Schwedische Schriftsteller scheinen sich jedenfalls hauptsächlich dem Schreiben von Kriminalromanen zu widmen, je unwahrscheinlicher, blutrünstiger und brutaler, desto besser. Und diese Kriminalromane sind bekanntlich auch im Ausland sehr beliebt. Wie diese Bücher wohl das Bild von Schweden in anderen Ländern beeinflussen, das würde man gern wissen.

Während viele Schweden ständig versuchen abzunehmen, wurden in einer gewöhnlichen TV-Woche 74 Kochsendungen auf schwedischen TV-Kanälen gezeigt – laut einer Untersuchung der Abendzeitung *Expressen*. Der Erwerb von Küchenutensilien und der Verkauf von Kochbüchern schlagen alle Rekorde – obwohl der Essenszubereitung weniger Zeit gewidmet wird als je. Die alte erfahrene Hausfrau, deren Küche ausschließlich ihr Revier war, gibt es kaum mehr. Die Hochglanzbilder in den Kochbüchern haben auf ihre Art etwas Pornographisches – man schaut sie an, und die Spucke läuft einem im Mund zusammen. Im Fernsehen treten vor allem männliche Köche auf, man spricht dabei gern von »Kochkunst«, aber das Publikum ist größtenteils weiblich, und es sind immer noch die doppelt belasteten Frauen, die das Alltagsessen in der Küche zubereiten. Wie ein Fernsehkommentator es ausdrückte: »Schwedische Frauen verlassen die schweigende Mühsal von Generationen am eigenen Herd, um sich anzusehen, wie sich selbstherrliche Männer in den Fernsehküchen gebärden.«

Und wie wohnt nun der Schwede? Danke, gut, kann man antworten – hier gibt es ja viel Platz. Das Wohnen verschlingt jedoch einen immer größeren Teil des sauer verdienten Geldes – aus irgendeinem eigentümlichen Grund ist es sogar teurer, in Stockholm eine Wohnung zu kaufen als in den anderen nordischen Großstädten. Die Eigentumswohnungen nehmen gegenüber den Mietwohnungen zu – in der Innenstadt von Stockholm hat die wohlhabende Mittelschicht fast gänzlich die Oberhand gewonnen. Die übrigen werden an den Rand gedrängt. Junge Leute, die sich eine eigene Wohnung leisten wollen, werden mit enormen Krediten belastet.

Und dann gibt es natürlich noch die Tradition der schwedischen Sommerhäuschen. Der Schwede träumt von einem kleinen roten Häuschen an einem See, um im Garten zu graben und der Natur nahe zu sein – vor einigen Generationen wohnten die meisten noch auf dem Land. Weit über fünfzig Prozent der Schweden haben Zugang zu einem Freizeithaus. Der Statistik gemäß gibt es 558 455 Freizeithäuser (man sagt heute nicht mehr »Sommerhäuschen«) in Schweden. Der Schwede hat also oft einen doppelten Wohnsitz: Viele ländlich gelegene Häuser liegen im Winterhalbjahr still, zugesperrt und verlassen da, erwachen aber an den Wochenenden zum Leben, wenn der Frühling naht, und natürlich während des köstlichen, aber kurzen Sommers, wenn man so viel Sonne und frische Luft wie möglich tankt, um den Winter und die Dunkelheit zu überstehen. Auch die Campingkultur boomt – im letzten Sommer hatten schwedische Campingplätze über fünfzehn Millionen Übernachtungen, wobei sie mehr und mehr auch europäische Touristen anziehen, da die Plätze in deren Heimatländern oft überfüllt sind. Dieses kleine grüne, bei den Scouts übliche Zelt, an das man sich aus der Kindheit erinnert, hat natürlich längst ausgedient – jetzt bevorzugt man große Wohnwagen oder Campingwagen.

Aber hinaus in die Natur will der Schwede – um jeden Preis! Will man unbedingt verallgemeinern und etwas »typisch Schwedisches« ausmachen (da befindet man sich wirklich auf unsicherem Gelände), kann man wohl behaupten, dass das Band zwischen dem Schweden und der Natur sehr stark ist. Das Recht auf allgemeinen Zugang ist für uns selbstverständlich; wir können uns überall bewegen, ohne größere Rücksicht auf den Grundbesitzer zu nehmen. Es ist wirklich bemerkenswert, wie selten man auf seinem Streifzug durch Feld und Wald einem Menschen begegnet!

Noch immer rattert die alte Straßenbahn, die Zwölf, zwischen Nockeby und Alvik hin und her, doch sie rattert nicht mehr so laut. Die alten Waggons sind gegen modernere ausgetauscht worden – die neuen gleichen den Straßenbahnen im übrigen Europa, praktisch, stromlinienförmig, aber mit weniger Charme. Die alte Zwölf sollte auch in den 1980er Jahren verschwinden, aber nach einem massiven Proteststurm der mittlerweile gutsituierten und einflussreichen Bewohner dieses Gebiets wurde sie »gerettet«. Und jetzt werden in Stockholm neue Straßenbahnschienen verlegt, nachdem man die alten herausgerissen hat. Man hat schließlich verstanden, dass der Straßenbahnverkehr unter Umweltgesichtspunkten dem Auto- und Busverkehr tatsächlich überlegen ist.

Wer kann sagen, wann ein bestimmter Platz authentisch ist? Neue Kinder wachsen heran und erheben Anspruch darauf, ein Gebiet zu besitzen, ihre Kindheit spielt sich ja dort ab! Die Entscheidung muss also jeder selbst treffen. Und hier geht es wirklich um den Nockebytorg meiner Kindheit!

Das Universum meiner frühesten Kindheit, das Gebiet zwischen den Gleisen der Zwölf, die die Plätze Nockebytorg und Olovslund verband, wo die unbekannte Welt anfing, endete auf der einen Seite hinter dem etwas gefährlichen

Brålund mit seinen niedrigen weißen Mietshäusern, wo sich Familien mit vielen Kindern zusammendrängten und wo man mitunter in seiner Eigenschaft als Einfamilienhauskind »vertrieben« oder auf andere Weise gedemütigt wurde, und auf der anderen Seite an dem stillen, etwas anonymen Nockebyvägen mit seinen großen, weiß verputzten Einfamilienhäusern. In Brålund gab es eine Sonntagsschule – man stieg eine Treppe hinunter in die Unterwelt, und in diesem Raum bekam man Lesezeichen mit Motiven aus dem Leben Jesu geschenkt, die man in ein Buch klebte – das war das Beste. Aber ich ging nicht gern dorthin, die bösartige Gun Britt konnte hinter eine Ecke auftauchen und mich erschrecken.

Wir wohnten in einem großen Holzhaus am Thaliavägen, genau dort, wo ein steiler Hang – jedenfalls war er damals steil – zum Marktplatz hinunterführte. Man konnte auch durch den »Park« neben unserem Haus gehen, allerdings nicht im Winter, denn auf einem gelben Schild oben an der Treppe stand »nicht gestreut«, und dort hatten die älteren Kinder auf der Straße eine eisglatte Rodelbahn angelegt, die in einem elegant geschwungenen Schneewall endete, damit der Schlittenfahrer nicht direkt in eine Kiefer sauste. Manchmal passierte das trotzdem – oft gab es Spuren von Blut an dem weißen Schneewall, neben der ekligen gelben Hundepisse.

Der »Park« war kein angelegter Park, sondern bestand aus einem gesandeten Weg durch ein kleines Stück Natur zwischen den Rückseiten der Gärten und den Straßenbahnschienen. Das ganze Gebiet war nur etwa 800 Quadratmeter groß, eignete sich aber ausgezeichnet als Abenteuerland. Wir bauten dort Hütten, fuhren sogar Ski, auf diesen breiten, kurzen Skiern, die vorn abgerundet waren, mit einem kleinen Lederriemen, unter den man den Stiefel schob. Die heutzutage bescheiden wirkenden Höhenunterschiede erschienen uns damals wie Abhänge. An einer Stelle, die ich sorgfältig überwachte, gab es Pfifferlinge. In der frühen Kindheit wurde der Straßenbahndamm zwischen Nockebytorg und Olovslund zu meinem, natürlich streng verbotenen Zufluchtsort. In der launischen Art, in der meine Eltern mich und meinen kleinen Bruder erzogen, lag etwas seltsam Widersprüchliches; einerseits wurden wir in vielerlei Hinsicht sehr streng behandelt, andererseits aber waren wir während großer Teile des Tages überhaupt nicht unter Aufsicht, sondern genossen eine große Freiheit. Meine Eltern hatten keine Ahnung, was wir eigentlich trieben, während Papa in Vorstand der Seemannspflege arbeitete und Mama sich in dem großen Haus zurückzog. Heute ist das anders. Kleine Kinder scheinen immerzu unter Aufsicht zu stehen; Kindergärtnerinnen und Freizeitpersonal sind offenbar ständig wie ängstliche Schutzengel zur Stelle.

Aber zurück zum Straßenbahndamm! Dort pflückte ich den ersten Huflattich, Leberblümchen oder frühe wilde Veilchen, die genauso gut rochen wie die Veilchenpastillen, die Mama immer in ihrer Handtasche trug, oder ich steckte die Hand so weit wie möglich zwischen den Zaunlatten der Gärten durch und raffte Gartenblumen zusammen. Dass Mama sich nie über die Sträuße wunderte, die ich ihr mitbrachte! Nicht einmal als sie Tulpen von den Beeten am Marktplatz bekam (wo sich heute Parkplätze befinden), stellte sie irgendwelche Fragen. Im Herbst klaute man Beeren von den Zweigen, die zwischen den Zaunlatten herausragten – wie süß waren doch die roten Stachelbeeren von

Herrn Levedal, es prickelte im ganzen Körper –, während man riskierte, dass die Zwölf warnend klingelte oder dass Herr Levedal, der Rentner und also uralt war, mit erhobener Faust aus seinem Haus gerannt kam und schrie: »Dir werd ich's zeigen, du Göre!« Man musste auf den Zwölfminutentakt der Zwölf achten. Sehr peinlich war es, wenn man es nicht schaffte, sich rechtzeitig wegzuducken, und der Fahrer mit seiner Alarmglocke klingelte, oder, o weh, wenn die Zwölf sogar anhielt und der erzürnte Fahrer aus der Fahrerkabine sprang und einen Blitzangriff startete!

Aber ich hatte meine sicheren Verstecke, eins hinter einem dichten Himbeerstrauch, wo man vom Straßenbahnfenster aus nicht erspäht werden konnte, ein anderes hinter dem schadhaften Zaun einer sehr alten, etwas zerstreuten Tante. Dieser Graben war nicht mehr als einen Meter breit, aber ganz und gar mein Revier.

Überhaupt, der Thaliavägen – damals gab es so wenig Autos, dass wir Kinder ungehindert mitten auf der Straße spielen konnten. Im Winter war die Straße von hohen Schneewehen gesäumt, für die Birre mit seiner roten Erdbeerennase verantwortlich war, mit seinem dampfenden Arbeitspferd, dessen Maul in einem Hafersack steckte, und dem dreieckigen Schneepflug. Diese Wälle wurden von uns umgegraben und in Schneefestungen verwandelt, aus denen wir Kriege mit harten Schneebällen als Munition führten. Und immer schneite es am Weihnachtsabend, wenn Papa und ich, nachdem die Weihnachtsgeschenke ausgepackt und das Weihnachtsessen verzehrt war, Hand in Hand in das große, stille Weiß hinausgingen.

Die damals bekannte Welt umfasste drei Einfamilienhäuser unterhalb des unseren auf der einen Seite und fünf auf der anderen sowie ein paar gegenüber, wo der Författarvägen anfing. Diese wirkten wie befestigte Burgen, der Duft in jeder Diele war ein ganz eigener (ich könnte noch heute einzig mit Hilfe des Geruchssinns erkennen, in welchem Haus ich mich befinde), und in jedem dieser Häuser regierte eine Hausfrau, allerdings mit zwei Ausnahmen: Frau Levedal nahm jeden Morgen die Zwölf zum Telegraphenamt, und Frau Bodecker arbeitete ebenfalls außer Haus.

Der kleinteilige Marktplatz mit all seinen Läden befindet sich noch dort – sieht aber heute natürlich ganz anders aus. In sechzig Jahren kann sich vieles verändern. Der Wohlstand ist gestiegen – genau wie die Häuserpreise, und Nockeby, ein sogenannter Nahvorort im Umkreis von Stockholm, ist ein sehr beliebtes Wohngebiet, vielleicht weil er immer noch den Charakter einer Kleinstadt hat. Das Gebiet wurde Anfang der 1930er Jahre angelegt, und heute sind die Wohnungen dort Eigentumswohnungen mit einem Quadratmeterpreis von etwa 60000 Kronen. Zu meiner Zeit gab es alle möglichen Geschäfte rings um den Marktplatz, und das meiste, was eingekauft oder repariert werden musste, konnte dort erledigt werden.

Ich frage mich, ob der Inhaber der schicken Boutique weiß, dass Herr und Frau Suhr mit ihrem Farbenladen dort rechtmäßig einquartiert waren. Frau Suhr, immer ein bisschen streng mit ihrem bleichen Gesicht und der braunen Brille, in ihrem ewigen weißen Kittel, während Herr Suhr, der sich im Hintergrund hielt, meine ganze Kindheit lang einen grünen Kittel trug und einen Bleistift hinters Ohr geklemmt hatte. In den Regalen fand sich alles, was man brauchte – es war nicht so schwierig zu wählen wie heute. Im Übrigen gab es auch einen Sohn, den jungen Herrn Suhr, der manchmal einsprang, aber ein junges Fräulein Suhr existierte meines Wissens nicht.

Bei Herrn Sam Larsson (den wir natürlich wie Samlarsson aussprachen) kauften wir aus irgendeinem Grund kaum ein – die Erwachsenen zerstritten sich oft aus rätselhaften Gründen mit jemandem, dem sie bis dahin wohlgesonnen waren –, und erst recht nicht mehr, seit ich dort eine große Schokoladentafel gekauft hatte, ohne zu bezahlen. Samlarsson schrieb alles, was man kaufte, auf einen Zettel, und warf man den seinen weg, musste man auch später nicht bezahlen – das hatte die Tochter des Zahnarztes gesagt. Mit diesem großartigen Geschenk ging ich zur Geburtstagsfeier von Lilli, der Tochter des Arztes, obwohl ich nicht eingeladen war, jedoch mit dem Ergebnis, dass ich trotzdem nicht eingelassen wurde und außerdem zum ersten und einzigen Mal in meinem Leben Prügel von Papa bezog.

Im Milchladen daneben holte man Milch in mitgebrachten Blechkannen, weiß und dickflüssig wurde sie literweise mit einem Maß an einem langen Stiel geschöpft. Im Metzgerladen gleich nebenan floss Wasser über das Schaufenster, und auf dem gekachelten Boden lagen Sägespäne. Machte es nicht viel mehr Spaß, damals Fleischwaren zu kaufen, Würste und Hackfleisch, das in diesem Laden von den höflichen Brüdern Engström in ihren weißen, hier und da blutbefleckten Kitteln vor den Augen der Kunden durch den Fleischwolf gedreht wurde, statt wie heute alles schon abgewogen, mit Preisschild versehen und in Klarsichtfolie verpackt zu bekommen? Ich erinnere mich an das durchdringende Geräusch der mechanischen Schneidemaschine und die Scheiben, die vom Verkäufer galant aufgefangen und auf ein gewachstes Papier gelegt wurden. Die Tüten, in denen man die Lebensmittel überreicht bekam, wurden von Mama glattgestrichen und in eine Schublade gelegt, ebenso wie alle Schnüre – man warf nichts unnötig weg, alles konnte zur Anwendung kommen.

Allmählich weitete sich die Welt: Ich fing in der Volksschule von Olovslund an, und mein Schulweg, so voller Abenteuer, führte den Thaliavägen entlang, dann in Olovslund über die Schienen der Zwölf, hinunter durch ein Wäldchen zu den kleinen Häusern entlang dem Västerled, bis ich schließlich an dem niedrigen, gelben Schulgebäude angekommen war. Diesen Weg wandere ich Mal für Mal noch in meinen Träumen.

Das Gebiet von Olovslund mit seinen Häuschen wurde in den 1920er Jahren besiedelt und war für beengt wohnende Familien mit vielen Kindern gedacht, während die Gegend um den Nockebytorg und Nockeby herum, mit seinen von verschiedenen Architekten entworfenen, Ende der 1930er Jahre gebauten Einfamilienhäusern, eher für die wohlhabende Mittelschicht bestimmt war. Diesen Gartenstadtteil erreichte man von der Stockholmer Innenstadt aus über die Tranebergsbron, die Anfang der 1930er Jahre eingeweiht wurde. Über diese beiden Stadtteile und viele andere aus dem 20. Jahrhundert hat Birgitta Conradsson in ihrem Buch *Die Siedler von Bromma* berichtet. Nach dem Stockholmer Übersichtsplan von 1999 gelten Nockeby und Olovslund heute als kulturhistorisch wertvolle Gebiete. Olovslund steht sogar unter Denkmalschutz. Diese Gartenstadtteile sind heute relativ homogen, was Hausbesitzer und Lebensstil betrifft.

Als kleines Kind war einem nicht bewusst, wer gut gestellt war und wer es schlechter hatte, aber man hatte ein vages Gefühl dafür, dass es diese Unterschiede gab. Heute denke ich an die bösartige Gun Britt, den Quälgeist meiner Kindheit, als kleine Klassenkämpferin – sie prügelte sich mit uns und anderen Kindern aus den Einfamilienhäusern, weil wir etwas darstellten, von dem sie sich ausgeschlossen fühlte. Manchmal frage ich mich, was wohl aus ihr geworden ist.

PRINZESSINNENGEBÄCK

Ein Zuckerbäcker wohnt in der Stadt,
Kuchen backt er von früh bis spat.
Er backt große, er backt kleine,
ohne Zucker backt er keine.

Etwas ganz speziell Schwedisches kann man erleben, wenn man in eine Konditorei schlüpft und eine Tasse Kaffee bestellt, dazu vielleicht eine Zimtschnecke, Prinzessinnengebäck oder einen sogenannten Staubsauger. In letzter Zeit haben sich die schicken Cafés etabliert, besonders in den großen Städten. Da sieht man schwarzgekleidete junge Leute, junge Mütter mit Kinderwagen und den einen oder anderen, über seinen Computer gebeugt, der allein und trotzdem unter Leuten sein will. Alle nippen an ihrem »Latte« oder ihrem Cappuccino, sorgfältig darauf bedacht, nichts allzu Kalorienreiches zu sich zu nehmen.

Aber viele besuchen noch heute die Konditorei, gewöhnlich »Kondis« genannt, die echt schwedische, mit ihrem Ursprung in der Zuckerbäckerei. Hier geht es nicht um die eleganteren Cafés in Wien, Paris oder anderen europäischen Großstädten wie das Café Sacher in Wien oder das Café Einstein in Berlin mit ihrem delikaten und raffinierten Angebot, sondern um eine einfachere schwedische Variante – ungefähr wie ein minderbemittelter Cousin vom Land. Und hier werden keine Kalorien gezählt! Die alten Konditoreien, die ihren Ursprung bewahrt haben, in manchen Fällen auch das unschuldige alte Neonschild aus den 50er Jahren, haben ihre treue Kundschaft. In der kleinen Stadt Norberg in Bergslagen gibt es eine solche klassische Institution, »Elsa Anderssons Konditori«, die ihr Äußeres, eine gelbgestrichene Holzfassade und ihre Einrichtung aus den 1920er Jahren bewahrt hat. Dorthin fließt ein gleichmäßiger Strom von Genießern, die ihr spezielles Lieblingsgebäck bestellen. An der Spitze steht immer noch das Prinzessinnengebäck oder ein Stück Prinzessinnentorte. Die Zutaten bestehen aus einem Tortenboden, Schlagsahne und Eiscreme, überzogen mit hellgrünem Marzipan, mit einer dünnen Schicht Puderzucker und einer roten Marzipanrose darauf.

Andere naschen lieber an einem »Staubsauger«, einem länglichen grünen Marzipangebäck, an beiden Enden in Schokolade getunkt. Offiziell heißt dieser Leckerbissen Punschrolle, und auf dem obligatorischen Verzeichnis der Inhaltsstoffe – wenn man sie, in Zellophan verpackt, in einem Lebensmittelgeschäft kauft – kann man lesen, dass sie aus einer Mandelfüllung mit Arrak besteht, mit einem Kakaoüberzug und anderen Ingredienzien wie Maltodextrin, Dextrose, Aromastoffen, Stärke, Emulgierungsmitteln und Konservierungsstoffen. Was jedoch am ärgsten ist: Die Punschrolle, die ich am 5. Februar gekauft habe, hat als Mindesthaltbarkeitsdatum den 5. April ... also geht man zu Elsa.

Manche ziehen auch das Napoleongebäck vor, aus mehreren Schichten von Butterteig, Schlagsahne, Vanillecreme und Marmelade. Das Ganze ist mit einer Zuckerglasur überzogen, vermischt mit rotem Johannisbeergelee. In der Fastenzeit wollen die Schweden ihre Zähne am liebsten in die heißgeliebte »Semmel« schlagen, ein fluffiges Brötchen, gebacken aus Weizenmehl, Hefe, Salz Zucker, Eiern und Hirschhornsalz, gefüllt mit einer Mischung aus Mandeln, Zucker und Sahne. Diese Schöpfung wird mit Puderzucker und Schlagsahne garniert. Eine Kalorienbombe!

Das Angebot in einer schwedischen Konditorei ist im Allgemeinen nicht besonders vielfältig, aber die Enttäuschung ist groß, wenn es dort einmal nicht genau das Gebäck oder Brötchen gibt, auf das man sich kapriziert und das man immer bekommen hat. Das Napoleongebäck beispielsweise ist seit der Mitte des 19. Jahrhunderts bekannt.

Zu Elsa Andersson gehen der Schreiner in seinem Blaumann, die alte Dame, nicht ohne ihren Hut, die jungen Mütter mit Kleinkindern, der alte pensionierte Bergwerkarbeiter, ein paar Schüler, denen das Schulessen dieses Tages nicht schmeckt – ja, eine buntgemischte Schar. Während der Saison strömen Busladungen von Pensionären in die Konditorei, die sich auf eine kleine Abwechslung freuen, mit Geplauder über die Kaffeetassen hinweg, und wir wissen ja, dass »ein Schluck Kaffee das beste aller irdischen Getränke« ist, wie es in dem Lied heißt. Man beachte, dass es keine starken Getränke in der Konditorei gibt – Alkohol gehört nicht hierher! Dafür kann man statt dem Kaffee auch eine Tasse Schokolade mit Schlagsahne bestellen, vielleicht nach der Skitour oder als Trost, wenn das Thermometer fünfundzwanzig Minusgrade zeigt.

Rührend wirkt der ältere Mann, der einen Gebäckkarton in seiner großen Hand hält, die Schnur vorsichtig zwischen Zeigefinger und Daumen geklemmt, in der deutlichen Absicht, sein Gebäck zu Hause in aller Ruhe zu genießen.

DER ULMENKAMPF

Am 12. Mai 1971 geschah etwas Entscheidendes und Bemerkenswertes in Stockholm. Eine große, bunte Schar von Menschen versammelte sich unter den Ulmen im Kungsträdgården, ganz nah am Herzen der Stadt, um dagegen zu protestieren, dass die mächtigen Ulmen um das kleine Teehaus herum gefällt werden sollten. Dort hatte nämlich die Kommunalverwaltung von Stockholm beschlossen, einen neuen U-Bahnausgang und eine Galerie zu bauen, trotz anhaltender Proteste, unter anderem vom Nationalbarden Evert Taube. »Wenn Regierung und Kommunen in Schweden weiterhin ihr Zerstörungswerk von Stora Sjöfallet bis zu den Ulmen im Kungsträdgården betreiben dürfen …, ist Schweden kein zivilisiertes Land mehr. Wir werden zu Barbaren.«

In den 1960er Jahren hatte eine Abrisswelle die meisten Städte Schwedens überrollt, besonders diejenigen, die keine mächtigen Stadtarchitekten hatten. Wenn sie nicht wie andere Städte Europas im Zweiten Weltkrieg in Schutt und Asche gelegt worden waren, wurden solche Städte zum größeren Teil durch die sogenannte Stadterneuerung so weit zerstört, dass die Menschen sie kaum mehr wiedererkannten. In Stockholm wurden alte Paläste, ja ganze Viertel aus dem 17. und 18. Jahrhundert abgerissen, ebenso in Göteborg, wo Arbeiterstadtteile wie Annedal und Haga im Großen und Ganzen dem Erdboden gleichgemacht wurden, um die Modernisierungspläne umzusetzen. Dieser Trend machte sich auch in anderen schwedischen Städten bemerkbar. Die Einwohner fühlten sich zumeist hilflos. Auch die Flüsse Norrlands sind reguliert worden – darauf spielt Evert Taube an, wenn er den Stora Sjöfallet nennt, und er trug auch dazu bei, den letzten unregulierten großen Fluss, den Vindelälven, zu retten.

Und jetzt steht da der Oberst aus Östermalm neben den Jugendlichen aus den südlichen Vororten, einige klettern rasch in die Bäume hinauf, man hört das durchdringende Kreischen einer Motorsäge, einige Äste werden abgeschnitten, aber dann reißt eine energische Person die Säge an sich, andere klettern auf das Dach des Teehauses, ein Polizeipferd stürzt, ein Prominenter wird weggeschleppt, die Leute schreien und werfen mit Steinen, und als die Protestierenden sehen, dass die Polizei und die Holzfäller zurückweichen, dass sogar der Kranwagen umkehrt, da steigt das Lied aus tausend Kehlen: »Ulmen für das Volk! Ulmen für das Volk!« Die Melodie stammt von John Lennons »Power to the People«.

Die verantwortlichen Politiker im Rathaus unterschätzten die Kraft der Proteste zunächst, und einige von ihnen glaubten, das Fällen der Ulmen würde trotzdem gelingen, man müsste nur abwarten, bis die schlimmsten Proteste vorüber wären. Also einen kühlen Kopf bewahren. »Es ist doch nur eine Planfrage, um dem Kollektivverkehr mehr Raum zu geben«, meinte Hjalmar Mehr, der bis dahin sehr einflussreiche sozialdemokratische Stadtrat. Er hatte nicht verstanden, dass es um etwas viel Größeres ging. Nach einer knappen Woche wurde der Beschluss, die Ulmen zu fällen, aufgehoben – aber so lange hatten die Stadtbewohner den Platz ununterbrochen okkupiert. Heute befindet sich der U-Bahnausgang ein Stück weiter entfernt – es war offenbar kein Problem, ihn an einem anderen Platz zu bauen!

Der Kampf um die Bäume und für die Rettung bedrohter Milieus setzte sich in ganz Schweden fort, viele nannten ihn nur den Ulmenkampf. Denn gerade dieses Ereignis bewirkte eine greifbare Veränderung in der schwedischen Stadtplanung und Bebauung. Verantwortliche Politiker konnten die starke Unzufriedenheit des Volkes nicht mehr selbstherrlich ignorieren. Es gelang, Stadtviertel zu retten, die sonst dem Boden gleichgemacht worden wären. Genau diese »bewahrten« städtischen Milieus sind heute ungeheuer beliebt und gefragt zum Wohnen und Flanieren, wie einige Reste des Stadtviertels Haga in Göteborg und der Gamla Brogatan in Stockholm mit ihren gutbesuchten Cafés, Restaurants, Galerien und Boutiquen. Die meisten Menschen schätzen eben ein lebendiges Stadtmilieu und keine toten Glas- und Betonviertel. Dies hat jetzt sogar eine wissenschaftliche Studie bestätigt. Eine Stadt muss leben, und Veränderungen sind manchmal auch notwendig: Heute gibt es eine, ja, zwei Generationen von Stockholmern, die sich an das abgerissene, jetzt wieder aufgebaute Gebiet im Zentrum von Stockholm gewöhnt haben, wo heute die fünf Hochhäuser am Hötorget aufragen und wo die »Platte«, auch »Schrägplatz« genannt (der Volkshumor schlägt immer durch; man spielt darauf an, dass der Drogenhandel hier auf den schräg abfallenden schwarzweißen Bodenplatten sein Zentrum hatte und noch hat), sich um den hohen Glasobelisken herum ausbreitet, der im Volksmund der »Marktständer« heißt. Dieser Platz ist jetzt ein wichtiger Teil *ihrer*

Heimat. Der Vorschlag, das wiederzuerschaffen, was in den 1960er Jahren abgerissen wurde, ist natürlich undurchführbar. Die Zeit heilt allmählich die Wunden, und welche Stadt ist eigentlich authentisch? Stockholm, ja, diese historisch vielfältige und schöne Hauptstadt, die genau dort liegt, wo der Mälarsee mit seinem Süßwasser auf den Saltsjön mit seinem Salzwasser trifft. Von ihren Bewohnern so heiß geliebt – und draußen auf dem Land so sehr geschmäht, wo man die Stockholmer Null-achter nennt (eine Anspielung auf die Vorwahl 08) und als richtige Snobs bezeichnet. Ganz Schweden soll leben, heißt es – dieser Slogan wurde bei mehreren Reichstagswahlen benutzt, dazwischen jedoch bald wieder vergessen. Und Stockholm wächst. 2053000 Einwohner leben heute im Bereich Stockholm.

Langsam entsteht eine neue Art von Klassenunterschieden in Schweden, eine regionale Form, nämlich die zwischen den Großstadtbewohnern und den Bewohnern der sogenannten dünn besiedelten Gebiete. Diese Gebiete, auch kleinere Städte, verarmen auf Kosten der Großstädte. Gut ausgebildete Menschen ziehen in die größeren Städte mit ihrem viel größeren Angebot an Arbeit, Service, Unterhaltung und Kultur. Man kann sich fragen, ob diese Entwicklung Schweden wirklich nützt, diesem weitgestreckten, aber spärlich besiedelten Land.

EINE FAHRT ÜBER DEN MÄLAREN

Es gibt ein besonderes Mälarlicht, ein Silberlicht, und es ist nur im Sommer da. Der Duft von Schilf vermischt sich mit dem Duft reifender Rapsfelder. Eine mit Zement beladene Segelschute ist durch den Galten unterwegs nach Köping und zeichnet sich vergrößert vor dem dramatischen Hintergrund der Regenwolken ab, die wie eine Front über dem nördlichen Västmanland stehen. Eine dänische Jacht, die von Borgåsund kommt, breitet im achterlichen Wind ihre großen Flügel aus und wird für einen Augenblick zum Schwan. Lichtbrunnen öffnen sich holländisch dramatisch über Sandgruben und Schlossgärten.

Oder: Wenn die Sonne an einem anderen Spätsommertag nach langen Regentagen hervorkommt, leuchten die großen Buchten auf wie seltsames Silber. Ein Haubentaucherpaar materialisiert sich für einen Augenblick in der Silberdämmerung, zwei Kraniche mit Flügelschlägen wie in einem Medium, das dichter ist als gewöhnliche Luft, ziehen über die großen Schilfbänke beim Schloss Strömholm. In alten verlassenen Häfen verrotten pathetisch die alten Erzsegler und die letzten Schleppkähne aus dem Strömholms Kanal. In verfallenden alten Schlossgärten reifen Stachelbeeren, die niemand mehr pflückt.

Eigentlich trotzt der Mälaren, Schwedens Herzsee und der große See der schwedischen Literatur, jeder Beschreibung. Ich widerspreche dem, der behauptet, es hätte jemals in einem anderen Land etwas Ähnliches gegeben. Wenn man so will, ein See mit zahllosen Inseln. Oder, für den, der es umgekehrt sehen will, ein Stück Landschaft, in der das Wasser überall eingedrungen ist und eine besondere Art von Natur und Kultur geschaffen hat, ein *Wasserlabyrinth*, wo der Verkehr schon früher intensiver und leichter geworden ist als an anderen Stellen des Landes, und wo deshalb die Kultur ihren Anfang nehmen konnte. Und ein See, der seit dieser grauen und fernen Zeit das Herz des Landes geblieben ist, mit seinen Poeten, seinen Städten, die alle einmal das besondere Gepräge der Eichen, Weiden und Espen hatten, mit hübschen gepflasterten Straßen zwischen weißen und roten kleinen Häusern, wobei einige der Mälarstädte dieses Flair bis heute behalten haben. Und die Schlösser natürlich, die Überraschungen aus rotem und weißem Stein, mit grün patinierten Kupferdächern, mächtigen Hauben und Türmen, die plötzlich sichtbar werden, wenn man eine Landzunge umrundet. Mal als Museum genutzt, mal auf Volkshochschulen und Trinkerheilanstalten reduziert, behalten sie noch und für immer etwas von ihrer einstigen Würde. Sie sind ein Teil dessen, was den Mälaren zu Schwedens Herzland gemacht hat, auf dieselbe Art, wie die Poeten es getan haben.

Wie hat das Ganze angefangen? Das ist nicht leicht zu sagen. Bei dem großen isländischen Historiker des 13. Jahrhunderts, Snorre Sturlasson, wird in seiner »Heimskringla« Sigtuna als der allerälteste der bewohnten Orte am Mälaren erwähnt.

Von König Olaf dem Heiligen berichtet Snorre, wie er

verwüstend und brandschatzend in die Ostsee und weiter in den großen See Lögrinn (so hieß der Mälaren bei den Alten) hineinsegelte. Ein Sveakönig setzt sich zur Wehr, und mit aller Mühe der Welt gelingt es dem Schiff des Königs, bei »Stockesund« wieder herauszukommen, wo der heftige Regen die Mündung in einen Fluss verwandelt hat.

»þá váru regn mikil« – wie leicht fällt es noch heute, in einer regnerischen Dämmerung in der Björköbucht im August das lange dunkle Schiff mit seinem bedrohlichen Drachenkopf am Vordersteven, den grauen Ruderern und dem rhythmischen Geräusch der langen Ruder zu sehen, die gehoben und wieder gesenkt werden! Und das Zischen vom Bug, der Geruch von wollenen Umhängen, nass vom Dauerregen. Hier draußen in dem früheren Birka hat man wirklich das Gefühl, sich im Herzen des alten Sveareichs zu befinden.

Von der alten Hauptstadt, die gewöhnlich ins 8. Jahrhundert zurückdatiert wird, sieht man nicht viel in der Augustdämmerung, vor allem Gräberfelder und Überbleibsel der alten Stadtmauer. Eine Kuh brüllt in der Spätsommerdämmerung, in Björkö by werden Lichter angezündet, und über dem ganzen ehemaligen Stadtgebiet, den sogenannten Schwarzerden, herrscht nichts als Stille. Aber wenn man da oben auf dem alten Burgfelsen steht und weiß, dass noch Ende des 19. Jahrhunderts bei Niedrigwasser da draußen, wo die Schiffe anlegten, alle Eichenpfähle zu sehen waren, kann man für einen Augenblick das Leben nachempfinden, das hier gelebt wurde. Hier schwemmen angeblich die Herbststürme manchmal noch Stücke von Bernstein an, die von den Schiffen stammen, welche die Bernsteinladungen von den Meeresstränden Ostpreußens transportierten.

Es ist der vielleicht feinste, der stillste, aber auch der wehmütigste Ort am Mälaren.

Im oberen Svealand liegt der bemerkenswerte See, der Mälaren heißt. Von diesem ist früher einiges Beachtliche berichtet worden, insbesondere, dass sich an seinen Stränden verschiedene Burgen und Schlösser befinden, im Besitz von Adligen und anderen bedeutenden Personen, und nach der Sitte des Landes sehr prächtig. Zudem gibt es dort einige bedeutende Dome, wie in Västerås und Strängnäs.

Diese Stimme gehört einem Mann, der diesen Ort höchstwahrscheinlich wirklich gesehen hat. Der Verfasser der bemerkenswerten Renaissanceschrift, die im Jahr 1555 in Rom erschien und den stilvollen lateinischen Namen »Historia de gentibus septentrionalibus … libri XXII« trägt, war zwar in Linköping geboren, hat sich aber nach sicheren Angaben sowohl in Uppsala wie in Strängnäs aufgehalten. Olaus Magnus, denn um ihn geht es hier, Verfasser der *Geschichte der nordischen Völker*, wird gewöhnlich als »unser letzter katholischer Erzbischof« bezeichnet. Das stimmt insofern, als er von Papst Paulus III. in dieses hohe Amt eingeführt wurde, nachdem sein Bruder, Johannes Magnus, im Jahr 1555 gestorben war. Das hatte jedoch in der Folge keine praktische Bedeutung. Sein Buch wurde im Exil geschrieben. Olaus war schon zur Zeit der Reform Gustav Vasas im diplomatischen Dienst tätig gewesen, und wie die alte »Eulenausgabe« von Nordisk Familjebok 1914 es ausdrückt: »Aus Unwillen über die beginnende Kirchenreform in Schweden blieb er indessen im Ausland.«

Die Geschichte der nordischen Völker ist ein wunderbares Buch, mit seinen Erzählungen von Schlittschuhfahrten, uralten Ringen, die sagenumwobene Könige in hohe Felsen geschlagen haben, und Waldwanderern, die in der tiefen Winterdunkelheit ihren Weg finden, indem sie eine Bahn von Kienholzspänen wie bei der Schnitzeljagd zwischen den Baumstämmen auslegen. Es ist viel unterhaltsamer, als es selbst die gebildete Öffentlichkeit weiß, und es ist, wie viele der im Exil verfassten Bücher, von einem tiefen Patriotismus durchdrungen.

Die Schlösser und die Städte, Kulturbauten in unmittelbarem Anschluss an eine Wildnis, einen Garten, ein Wasserlabyrinth. Nicht einmal ein chinesischer Poet hätte in seinen wildesten Phantasien etwas Ähnliches erschaffen können. Es gibt ein Gemälde von Prinz Eugen aus dem Jahr 1893, das besser als Worte die charakteristische Magie eines Mälarschlosses einfängt. *Das alte Schloss* heißt es und stellt das Schloss Sundby dar, nicht weit von Eskilstuna entfernt, an der Südseite des Sees. Legt man an einem Sommertag in Sundbys ausgezeichnetem Gasthafen an und findet seinen Platz in dem Wald von glamourösen größeren Segelbooten, ist diese ganze Magie noch vorhanden, obwohl sich heute in dem Schloss ein Restaurant befindet und es an eine Volkshochschule vermietet ist. Es ruht in demselben gedankenverlorenen Dornröschenschlaf wie die Gebäude in der schwärmerischen schwedischen und europäischen Kunst der 1890er Jahre.

Nicht alle Mälarschlösser sind jedoch in Volkshochschulen oder Anstalten der einen oder anderen Art umgewandelt. Zwar versammeln sich nordische und andere Schriftsteller hin und wieder zu einer Beratung in der mächtigen Bischofsküche in Biskops-Arnö, und gewiss wird der Rittersaal auf Sundbyholm dann und wann für Hochzeitsfeste vermietet, aber noch leben auch ein paar Aristokraten rings um den Mälaren.

Einige von ihnen halten die Türen für Touristen offen, auf dieselbe Art, wie englische Schlossherren es öfter tun. Tidö zeigt seine Bibliothek und sein erlesenes kleines Spielzeugmuseum. Der Schlossherr von Ängsö erzählt gern von der geheimnisvollen Goldkette, welche die Insel nie verlassen darf, ohne dass das Haus zu brennen beginnt. Die vorzügliche Bibliothek von Fullerö ist meines Wissens nicht für Touristen geöffnet. Irgendwie ist es trotzdem ein beruhigendes Gefühl, daran vorbeizusegeln und zu wissen, dass sich da drinnen im Laubwerk ganze Regalkilometer von Klassikern und schwedischer Belletristik verbergen.

Hier herrscht etwas von derselben verdichteten Mälarstimmung, die mir von einigen glücklichen Sommerausflügen in meiner Jugend in Erinnerung geblieben ist. Ich hatte das Glück, den ehemaligen Artilleriekapitän Algot Hammarsten als Sportlehrer zu haben, einen Offizier und Gentleman, der noch dazu eins der größten Segelschiffe des Mälaren besaß (wenn ich mich recht erinnere), eine Ketsch, die »Dunungen« hieß und bis Finnland gesegelt war, was in der damaligen Zeit unter den Freizeitbooten zu den Ausnahmen zählte. Algot Hammarsten pflegte jedes Jahr am ersten Sporttag im September eine Gymnasialklasse im Boot mit hinauszunehmen, und diese gemächlichen Streifzüge zwischen den vor Vegetation strotzenden Inseln, diese Schwimmausflüge in dem duftenden und noch augustwarmen Wasser, habe ich für immer im Gedächtnis behalten.

Als ich in einem verregneten August in einem schnellen,

vielleicht zu schnellen, aber bequemen, gemütlichen Motorboot mit einer Geschwindigkeit von zwanzig Knoten an diesen Inseln im Blacken und der Västeråsbucht vorbeirassele, wo wir uns einst bei Flaute an den schweren Rudern der Ketsch abmühten, kann ich das Wehmutsrauschen der glockenreinen Lyrik von Gunnar Mascoll Silfverstolpe fühlen:

Es war die Zeit, als unsre Hosen spannten,
von Fallobst überdeckt mit regennassem Lehm.
Es war die Zeit, als Gartenkerzen brannten
und leuchteten in dunkler Laube auf ein Krebsgericht.
Es wurde langsam fast zu kalt zum Baden,
und das Gestrüpp von Spinnenweben eingehüllt.
Nachdem die letzten Erntefuhren eingetroffen sind,
war kühl und klar das All und rauh der Wind.

Es waren die Tage, als man gierig jede Stunde,
die bis zum Ferienende blieb, bemaß.
Es war die Zeit, als jede Stunde eine eigene Kraft besaß,
die man sich selbst zu eigen machen musste.

Das Milieu, aus dem dieser erlesene *minor poet* stammte, waren nicht die Schlösser, sondern das Kapitänshaus Stora Åsby im Kirchspiel Rytterne. Nobel, artikuliert, immer mit einer Einsamkeit im Tonfall, hat Silfverstolpe besser als jeder andere, den ich kenne, das Silberlicht über dem Mälaren einzufangen gewusst, seine Wehmut, seine helle Treue.

Über Städte und Schlösser sprach also der alte Olaus Magnus. Was bleibt heute von der speziellen Stadtkultur des Mälaren, von den Seewinkeln mit friedlichen Villen, Punschveranden und stillen Segelschiffhäfen? Ein paar kurze Sommerwochen, verbracht mit Ausflügen in einem Motorboot, geben natürlich nur die Grundlage für eine sehr vage Antwort.

Mariefred mit seinen deutschen Jachten, seinen amerikanischen Touristenbussen und seiner protzigen Touristeninformation, wo eine Dame in ein endloses Gespräch mit einer Verwandten vertieft scheint, ist fast eine Parodie auf den alten Mälarort. Ungefähr wie Fischerman's Wharf in San Francisco hat dieser Ort schon lange angefangen, sich selbst zu imitieren. Das Lustigste, was er zu bieten hat, ist die Läggestabanan, die kleine Museumseisenbahn, die den Sommer über von einer Gruppe liebenswerter Enthusiasten in lebhaftem Verkehr gehalten wird. Die meisten ausländischen Touristen, speziell die Deutschen, kommen jedoch, um ein Grab zu besuchen.

Hier ruht nämlich Kurt Tucholsky, eins der vielen tragischen Dichterschicksale der modernen Literatur. Der brillante Berliner Dichter, der die nazistische Gangsterherrschaft mutig herausgefordert hatte, ist hier in den Jahren des Exils gelandet, auf dem Schauplatz des wehmutshellen kleinen Romans *Schloss Gripsholm*, den er ein paar Jahre zuvor, 1931, publiziert hatte.

»Lesen-schreiben-schweigen« ist die schwermütige Summe seines Lebens, die er seinem Tagebuch anvertraute. Er fand keine wirklichen Kontakte in Schweden und ging langsam der Melancholie und dem Selbstmord entgegen. Es gibt sogar eine Theorie, die besagt, er sei tatsächlich von einem speziell aus Berlin geschickten Spezialkommando ermordet worden.

Auf seinem Grab, das im Sommer immer mit frischen

Blumen geschmückt ist, kann man das etwas überraschende Goethe-Wort »Alles Vergängliche ist nur ein Gleichnis« lesen, das uns in seinem noblen Platonismus kaum über das Schicksal Tucholskys hinwegtrösten kann.

Die wunderbare Mälarstadt, so wie es sie noch in meiner Jugend gab, mit harmonischen niedrigen Holzhäusern rings um einen vollendeten Marktplatz, Handwerkerhäusern mit Höfen für die Pferde der Poststationen, Stille und Trauerweiden, kann man heute nur mit dem Schiff der Dichtung erreichen. Der Romantiker Adolph Törneros beschreibt sie in einem Reisebrief an Pehr von Afzelius vom 8. Juli 1825:

Als wir am Waldrand herauskamen, lag die Stadt so freundlich nur ein paar Steinwürfe entfernt unter uns. Die Häuser tummeln und drängen sich umeinander wie eine Herde von rotem und weißem Vieh, und mitten in dem Haufen ragt der Turm herrisch wie ein Hirtenstab auf.

Von allen Mälarstädten ist es wohl Strängnäs am besten gelungen, den idyllischen Charakter zu bewahren, mit seinem beinahe holländischen Licht über den Straßen und dem majestätischen Dom. Hier, unter den Linden, ist es möglich, noch ein paar kurze Sommernachmittage lang von einem Schweden zu träumen, das es einmal gab und das seit Jahrzehnten auf dem Weg scheint, unter Beton begraben zu werden. Bemerkenswert an Strängnäs ist, dass es wie eine lebendige Stadt wirkt und nicht wie ein Museum, etwas, was sonst vielleicht nur noch für Torshälla gilt.

Der Mälaren besteht den Geologen zufolge aus vier großen Bassins, die sich langsam entleeren, das eine in das andere, mit den Björkbuchten zuunterst und dem Galten, von wasserreichen Flüssen gespeist, oben im Nordwesten, als oberste Stufe der abfallenden Wassertreppe.

Wenn man an einem klaren und windigen Julitag gen Westen fährt, in jenem frischen Wind, der die Regenwolken des Hochsommers vertreibt und den Wellen der großen Buchten weiße Bärte aufsetzt, hat man das fast mystische Gefühl, *tiefer* in die Landschaft einzudringen, es duftet immer mehr nach Bergslag und Wald, und das Wasser selbst scheint eine schwache Spur von der Humusnote der Bergslagsseen zu haben. An einem Tag mit diesem anregenden und starken Wind, der alle Sinne schärft, kann man sich leicht die alten, schwerbeladenen Erzjachten vorstellen, die einst Schmelzeisen und Roheisen aus den entlegenen Hüttenwerken im Wassersystem des Kolbäcksån zur Eisenbahn von Stockholm segelten.

Meistens kamen sie ans Ziel, nachdem sie die schier endlose Schleusentreppe von Bergslagen im Strömholms Kanal hinuntergestiegen und dann durch die Buchten mit ihrem mitunter starken Seegang und reißenden Windböen gestampft waren.

Bei Borgåsund, beim Eintritt in den See Freden, wird die Veränderung spürbar. Zwischen den Eichen im Norden schimmert das Kupferdach von Strömholms Schloss, und die Pferde der Reitschule bewegen sich in majestätischen Herden durch die Eichenwäldchen. Während draußen über den weitgestreckten Sümpfen jenseits der Brücke, an der nordwestlichen Ecke des Mälaren, schon ein Kranichpaar vorbeizieht.

Der Übergang zwischen den Mälarbuchten und dem Kanal ist ein fast überwältigendes Erlebnis, das die Mühe lohnt. Die sechsundzwanzig Schleusen bis hinauf zum See Barken bieten ganz besondere Schönheitsmomente; die drei berühmten Sörkvarnsschleusen in Hallstahammar gleichen in dem Augenblick, in dem man sie von unten und leer sieht, ehe das Wasser eingelassen wird, einer seltsamen Kathedrale, vielleicht sogar einer, die auf den Kopf gestellt ist, mit den leicht geschwungenen Gewölbebögen nach unten. Der enge Kontakt mit der Landschaft ist faszinierend, nicht zuletzt in den ausgehobenen Kanalabschnitten, wo die Fahrrinne durch eine Allee von freundlichen Erlen und Espen führt. Angelnde Sportfischer und weidende Kühe, ganz zu schweigen von dem reichen Vogelleben, sorgen für eine ständige Abwechslung. Ja, das Schleusen selbst (das nicht so schwierig ist, wie der Unerfahrene gern glaubt) hat einen Zug von nützlicher kontemplativer Übung, wenn man mit Trossen und Bootshaken dasteht und sieht, wie die Steinsetzung, feucht und massiv, langsam im Wasserrauschen versinkt.

Leider hat sich die Kanalgesellschaft in den letzten Sommern auf die Dummheit eingelassen, dem Passagierboot »Strömholms Kanal« die Vorfahrt auf den schmalen Strecken zu gewähren, einem breiten, krötenartigen schwimmenden Weinrestaurant, das die ausgehobene Fahrrinne genauso effektiv verstopft wie ein Korken im Makroformat. Es wäre wohl kein Problem, wenn nicht der Wirt – ich weigere mich, ihn Schiffer zu nennen – leider nicht eingesehen hätte, dass zu den Privilegien auch Pflichten gehören. Wenn er eine Stunde verspätet ist, besteht immer die Gefahr, dass man die letzte Schleusung des Tages verpasst. Und pünktlich ist, den Schleusenwärten zufolge, die schwimmende Grogveranda nie.

Strömholms Kanal ist also nicht so gut gepflegt, wie er es sein könnte, und man kann nicht damit rechnen, an den zwei Tagen ans Ziel zu kommen, die der Fahrplan vorgibt. Für jemand, der die Zeit und Geduld hat, ist es dennoch lohnend, die Reise durch diese Wasserstraße zu machen, die im Jahr 1787 eingeweiht wurde. Der Schleusen wegen, der Wasseramseln und Schwalben über dem Wasser wegen, der Kraniche wegen, die wie ein Stück Freiheit über die großen hellen Seen im Norden ziehen, der schiefen und freundlichen alten Höfe wegen, der freundlichen Schleusenwärter mit ihren munteren kleinen Hunden wegen.

Wenn wir an einem Nachmittag auf den Åmänningen hinausgleiten, durch das enge Gatt des Ryssgraven, haben wir die Oberfläche des Mälaren schon 99 Meter unter uns. Hier zischt das Wasser auf eine andere Art – wie ein Bergsee. Und plötzlich erscheint der Mälaren weit entfernt hinter dem Horizont.

Und dennoch bildet diese ganze Wasserwelt einen klaren und genau definierten Zusammenhang. Ich glaube, ohne sie wäre die schwedische Literatur eine ganz andere. Die Winde, der Reflex von Wellen und Wasser, die jetzt darin sind, hätten ihre Abwesenheit bemerkbar gemacht. Die schwedische Kultur ist nicht zuletzt eine Wasserkultur, ein Werk von Menschen, die nahe am Wasser gelebt und sein Leben verstanden haben. Es ist kein Zufall, dass die beiden nordischen Könige während des Dreißigjährigen Krieges »die Wasserkönige« genannt wurden.

Im Mälarwasser hat unsere Poesie ihren Ursprung. Und noch kann man sie dort finden.

FEUCHTGEBIETE

Das Moor, verboten zu betreten,
gefährlich tief mit
Weiderich und Laichkraut.

Die Salamander, die wir fingen
und »Wasserechsen« nannten.

Heute sicher ausgestorben. Wen kümmert's?
Plötzlich war der Junge zwanzig Jahre alt.

Vor ihm lag das lange Leben.
Wie die Kurische Nehrung.

Der Bach. Die Salamander.
Wir waren es, die das alles
verschwinden ließen.

Kein anderer.

Als ich sechs Jahre alt war, zog ich mit meinen Eltern aus dem westlichen Teil von Västerås dorthin, wo damals der östlichste lag. Aus der Gegend rings um den Mälarhafen mit seinen Kais und Kohlenhaufen, wo der einzige richtige Kontakt mit der Natur ein winziger Fichtenhain war, der sich heute rührend klein ausnimmt, eingeklemmt zwischen einer Tankstelle und ein paar Mietshäusern. Der damals jedoch ein Abenteuerland war.

Aber was war das im Vergleich zu den Weiten und den tiefen Waldgebieten, die sich nach dem Umzug in die Bomansgatan öffneten? Hier gab es einen richtigen Wald, jenseits der weitgestreckten Felder, und er war mit Inseln aus Findlingen und Nadelbäumen gespickt. Und eigentlich ohne Ende. Die Grenze zum Wald war ein Eichenhain, und durch dieses Gebiet floss ein idyllischer kleiner Bach, zu seicht, um darin zu ertrinken, aber ausgezeichnet geeignet, um Regatten zwischen Borkenbooten, Streichhölzern und was immer wir finden konnten zu veranstalten. Der Bach, der nach einem Herrenhaus in der Gegend Emmausbäcken benannt war, fließt jetzt in einem unterirdischen Tunnel unter der Europastraße 18, und von dem Wald sind nur noch vereinzelte Kiefern zwischen den Mehrfamilienhäusern geblieben. Niemand kann sich vorstellen, wie es hier einmal ausgesehen hat.

Von den Mooren, die jetzt vollständig drainiert sind, gab es mehrere. Sie waren von all diesen bunten Moorgewächsen gesäumt, die zu solchen Gewässern gehören. Und dort lebten Salamander, Mitglieder der weitläufigen Familie der Schwanzlurche, die wir fingen und in Glasgefäßen aufbewahrten, bis Sauerstoffmangel und Hunger ihnen ein Ende bereiteten. Wir wussten nicht, dass es Salamander waren – vermutlich vom Aussterben bedroht –, und nannten sie »Wasserechsen«. Ich würde gern wissen, ob es in Västmanland noch welche gibt. Vielleicht auf den großen Inseln draußen im Mälarsee, Ängsö, Tidö, Almö-Lindö?

Das am nächsten gelegene Moor war es, auf dem wir, ich

und die Kameraden aus der Volksschule, das Schlittschuhlaufen lernten. Auf gelbem, holprigem Eis mit den Schlittschuhen, die Schürhaken genannt und mit Riemen am Stiefel befestigt wurden. Meine sind seit vielen Jahren verschwunden – ich habe sie an einen Mitschüler verkauft –, aber lustigerweise kann ich mich heute noch an das Gefühl in den Fußgelenken erinnern; wie ungehorsam und selbständig sie von einer Seite zur anderen wackelten. Bis wir mühsam lernten, sie unter Kontrolle zu bringen. Schlittschuhlaufen ist eine dieser Fähigkeiten, die man offenbar nicht verlernt. Einen solchen »Schürhaken« fand ich in den sechziger Jahren auf einem Kartoffelacker im Sörbyhof in Väster Våla, weit oben im nördlichen Västmanland. Er musste einst auf dem großen See Åmänningen verwendet worden sein. Vielleicht im 19. Jahrhundert, oder möglicherweise noch früher.

Sümpfe und Moore unterscheiden sich in ihrem ganzen Wesen. Sie haben ganz verschiedene Düfte, ganz verschiedene Vegetationen, ja, man könnte sagen: verschiedene Seelen.

Der Sumpf besteht aus Grundwasser, das an die Oberfläche gestiegen ist. Er ist von Schilf und all den wohlbekannten Sumpfgewächsen gesäumt, Weiderich, Teichsimse, Seerosen, unter der Oberfläche Wasserpest und die langen Strähnen des Seegrases.

Moore bestehen aus durchströmendem Wasser. In den västmanländischen Wäldern sieht man die Moore oft wie eine Art Schatten eines noch existierenden Sees daliegen. Es sind die düsteren älteren Schwestern der Waldseen.

Die Moore machen oft den lebensgefährlich irreführenden Eindruck, man könne sie betreten. Nicht zuletzt darum, weil oft eine mehr oder weniger windschiefe Baumvegetation zwischen den offenen Tümpeln und der Art von Boden wächst, die weder das eine noch das andere ist. »Morast« ist das zutreffende Wort für diesen verräterischen Teppich aus Moosen, Wurzeln und Torf, der unter dem Fuß nachgibt. In den Sümpfen des västmanländischen Hällaskogen ruhen mindestens zwei dänische Reiterheere, und die werden wir wohl noch lange nicht zu Gesicht bekommen; das letzte war jenes, das 1434 von Karl Knutsson besiegt wurde.

Es ist ein seltsamer Anblick, wenn sich eine Elchfamilie über das Moor bewegt. Diese Tiere mit einer Gangart, die ein Abbild der Landschaft ist, die sie durchschreiten, scheinen keine Probleme mit den verräterischen Seiten des Moors zu haben. Während Kühe, die sich im Moor verirren, in der Regel zum Ertrinken verurteilt sind. Nicht einmal viele Männer und Gurte um den Bauch reichen, um eine ins Moor geratene Kuh zu retten. Ich erinnere mich, wie der langsam anschwellende Kadaver einer solchen Kuh uns als kleine Jungen bei unseren gefährlichen Streifzügen im Brattheden-moor, dem Schatten des Sees Norra Nadden, oder wie es auf älteren Karten heißt, Stora Nadden, einen Schrecken einjagte. Gab es da einen eingesperrten Fliegengesang wie in Baudelaires großartigem Gedicht »Une Charogne«? Ich erinnere mich nicht. Aber an den Gestank erinnere ich mich.

»Die Natur ist gut« steht auf den modernen schwedischen Butterpäckchen der Marke Bregott. Es fällt mir schwer, mir einen gröberen Zynismus vorzustellen.

Der Duft nach Apotheke ist überwältigend. Hier gibt es Mädesüß, Wollgras, viele Arten von Moos und Flechten (im Zweifelsfall sollte man immer auf das Dunkelgrüne treten, wo der Boden etwas fester ist, nie auf das Hellgrüne) und die speziellen Leckerbissen des Moors. Auf den Grasbüscheln die feinen Reben der Moorbeere, ein spröder arktischer Wein mit kleinen roten Beeren, von denen es heißt, man solle sie im Oktober ernten, wenn sie schon der erste Frost gezwickt hat. Die seltsame Rauschbeere, die düstere dunkelblaue Verwandte der Blaubeere, deren große, eigentümlich schmeckende Beeren angeblich einschläfernde Substanzen, vielleicht Opiate, enthalten. Aber am wichtigsten ist natürlich die Moltebeere, diese gelbe Königin der Rubusfamilie. Nicht ganz leicht zu finden, da sie gern draußen auf den Hochmooren wächst und schwer erreichbar ist. Die Moltebeere reift spät, erst weiß mit einer Spur von Rot, dann, während die empfindliche Pflanze immer mehr Geschmacksstoffe und edle Zuckerarten, wer weiß wie, aus dem humusduftenden Torf aufsaugt, erhält sie schließlich ihre endgültige Bernsteinfarbe.

Die Moltebeere ist begehrt. Im nördlichen Schweden können leicht kriegsähnliche Verhältnisse zwischen verschiedenen Gruppen von Moltebeerenpflückern entstehen. Thailändische Beerenpflücker werden in Gruppen aus dem fernen Asien herangekarrt, unter sklavenähnlichen Bedingungen in Lagern gehalten und oft mit einem Bruchteil des versprochenen Verdienstes heimgeschickt. (Voltaire hätte vielleicht gesagt: Zu diesem Preis verzehrt ihr im Operakällaren das Vanilleeis mit Moltebeerenkompott. Die Behörden sind in den letzten Jahren auf die Verhältnisse aufmerksam geworden. Behauptet man jedenfalls.)

In Südschweden geht es ruhiger zu. Man hält seine Moltebeerenstellen geheim, viel geheimer sogar als die der wilden Erdbeeren, und bedeckt gern den Inhalt des Korbs zum Schutz vor unerwünschten Einblicken mit einer Schicht von etwas anderem, zum Beispiel Pfifferlingen, die zur selben Zeit ebenfalls reichlich gedeihen.

Der Geschmack der Moltebeere gehört zu den Dingen, die schwer in Worte zu fassen sind. Süß, geheimnisvoll und mit jenem leichten Zug von Wehmut, der eine Frau stets besonders begehrenswert macht.

Es gibt aber noch ganz andere Arten von Feuchtgebieten. Die Schilfflächen, die sich zwischen den Flachlandseen entwickeln, können veritable Labyrinthe sein. Die Boote, wie ich sie im Wassersystem des Kolbäcksån erlebt habe, als sie noch von örtlichen Schreinern von Hand gezimmert wurden, sind ein getreues Abbild der Gewässer, in denen sie zum Einsatz kamen.

Der Kahn meines Vaters, im Jahr 1939 am Hüttenwerk von Ramnäs von einem Mann gezimmert, der Bark hieß, und eigenhändig von meinem Vater, Einar Gustafsson, nach Hause gerudert, bis hinauf zum Norra Nadden und Brattheden – eine Leistung, die mehr als drei Stunden in Anspruch nahm –, war ein typisches Beispiel. Mit flachem Boden, am Vordersteven und am Heck quer abgeschnitten, mit leicht ausgelegten Dollen. Ein solcher Kahn kann sich auch auf sehr seichten Gewässern bewegen. Und man kann ihn mit einer kräftigen Stange durch die Schilfbänke lenken. (Das nennt man in Oxford und Cambridge »punting«. Ein »punt« ist ein flachbodiges Boot, das dem västmanländischen »Kahn« auffallend ähnlich ist, nur etwas schmaler und länglicher.)

In ganz dichtem Schilf greift man zur Schilfsichel. Man findet sie noch in der einen oder anderen verfallenden alten Remise. Ein kurzes, ziemlich dickes Sichelblatt am Ende einer langen und starken Stange oder eines Hakens. Mit der Schilfsichel schlägt man nicht. Man steckt sie in das Schilf, so weit unter der Oberfläche, wie man kommen kann, und zieht es zu sich her. Auf diese Weise kann man Gänge durchs Schilf bahnen. Tief drinnen legt man die Reuse oder Fuke aus. Besonders im Frühling, zur Laichzeit der Hechte, kann man spektakuläre Ergebnisse erzielen. Überhaupt ist dieses labyrinthische Reich in der Welt des Schilfs voller Leben. Hechte schlagen nach einem rasch verschwindenden Schwarm von kleinen Fischen, Ukeleien und Plötzen blitzen auf. In den Kanälen und Öffnungen Seevögel, Enten und Schwäne, zu properen Paaren geordnet, der schwarzkehlige Taucher mit seinem geheimnisvoll melancholischen Laut, und natürlich der Haubentaucher, dieser kluge, tief liegende Vogel, der genau wie die großen Dichter zwei Welten zu den seinen gemacht hat, die der Luft und die des Wassers.

Der Biologe Bengt Berg hat Kanadagänse in die västmanländische Umwelt importiert. Das hätte er vielleicht besser gelassen. Entlang des Kolbäcksån in seinem oberen Lauf, zum Beispiel zwischen Naddtorpet und Byggetorp, gibt es Stellen, wo sie die Uferwiesen zu Hunderten bevölkern. Leider sind sie ganz und gar nicht wohlschmeckend. Sie haben einen unangenehm strengen Geschmack. Und – was schlimmer ist – sie fressen mit Vorliebe die Wurzeln des Schilfs. Die Folge ist, dass diese labyrinthischen Wasserwege, Kanäle und den Himmel spiegelnden Tümpel heute ungefähr um die Hälfte geschwunden sind.

Der Fischerei im Norra und Södra Nadden fehlte es in meiner Kindheit nicht an widersprüchlichen Aspekten. Das Hüttenwerk von Ramnäs, unter seinem damaligen Besitzer Kanthal in Hallstahammar für Schikanen und Geiz bekannt, betrieb eine wahre Hetzjagd sogar auf angelnde kleine Jungen und Pensionäre, die still ihre Schleppangeln durch den See zogen. Es gab eine ständige Überwachung, wer wohin ruderte. Was natürlich eine muntere Kriminalität herausforderte.

Ein besonders anregender Sport war es, sich der Baumstämme zu bemächtigen, die sich selbständig gemacht hatten, den Sägewerksrahmen entschlüpft und an einem verlassenen Strand angeschwemmt worden waren. Dies war lange vor der Zeit der Motorsägen, und es galt, das Holz im Schutz der Dämmerung zu zersägen, welches als höchst willkommener Vorrat für die kalten Tage des Herbstes dienen konnte, ehe der überall anwesende Zerberus, der Waldhüter, zur Stelle war. Die beseelte Energie, die mein eingeheirateter Onkel Knutte, ein Mann, der sonst gern mit einem Glas mit zwei Eisstücken und einigem anderen darin in einem Korbstuhl auf der Sommerhausveranda saß, bei solchen Gelegenheiten entwickeln konnte, war beeindruckend.

Feuchtgebiete und überschwemmter Boden sind nicht dasselbe. Weiter östlich, ungefähr von Haraker hinauf nach Sörhörende, breitet sich das Norra Svartådalen aus. Zur Sommerzeit nur weitgestreckte Wiesen, so weit, dass sie bis zum Horizont reichen, Heuschuppen und eigentümlich altertümliche Dörfer, Söråhl und Ål (die man sonderbarerweise auch offiziell auf diese verschiedenen Arten buchstabiert). Sich von der Industrie- und Residenzstadt Västerås in diese Gegenden zu begeben, ist, so hat ein kluger Regierungspräsident gesagt, als bewege man sich zweihundert Jahre in der Zeit zurück. In den Frühlingsmonaten hat sich das schmale Silberband des Flusses in mächtige, aber sehr seichte Seen verwandelt. Die unzähligen Heuschuppen und die eigentümlich mächtigen Dimensionen der Kirche von Västerfärnebo zeugen von der großen Produktivität auf diesen Überschwemmungswiesen.

Hier erinnern die frühlingshaften Spatzenschwärme an das mächtige Bild in Dantes Inferno:

So wie zur Winterzeit mit irrem Flug
Ein dichtgedrängter breiter Tross von Staren,
So sah ich hier im Sturm der Sünder Zug

Hierhin und dort, hinauf-, hinunterfahren …

Und hier verbergen die entlegenen Dörfer ihre Legenden. Hier spukt noch in dunklen Herbstnächten der Hund des Pastors von Ål, und die Orgel von Haraker spielt nicht selten spontan und ohne Organisten in der tiefen Novembernacht. Und hier nimmt die Ebene am Hörendesjön ihren Abschied. Hier beginnen die tiefen Wälder, das Reich der Luchse und der Wölfe, wo die dichten Findlingsfelder – auf der Karte sorgfältig mit Warnungen gekennzeichnet – uns wieder in Dantes Welt führen:

Lasst, die ihr eingeht, jede Hoffnung fahren.

DIE LANDSCHAFT DER POETEN

Es sind die Poeten, die die Landschaft erschaffen. Eine Landschaft ohne Poeten ist etwas sehr Ungewöhnliches – sogar die inneren Regionen Australiens haben ihre Traumpfade –, aber man könnte natürlich Beispiele finden. Dabei ginge es dann vor allem um arktische oder antarktische Regionen wie Franz-Josef-Land oder Südgeorgien in der Antarktis.

Eine Möglichkeit, sich der Region zu nähern, ihre Eigenart zu verstehen, ist, den Poeten von Norden nach Süden zu folgen. Wir stellen nämlich sehr bald fest, dass es erhebliche Unterschiede zwischen den nördlichen und den südlichen Teilen gibt und dass die kleinen Abweichungen auf der Ost-West-Achse sich sehr deutlich in der Poesie widerspiegeln. Von der dichten, spärlich bevölkerten Nadelwaldregion mit Bergen und Seen hoch oben im Norden, wie sie uns in der Lyrik Dan Anderssons begegnet –

Tief, tief in endlosen Wäldern, hinter Urbergen,
steil, grau
jenseits von schwindelerregenden, endlosen Heide-
flächen, wo die Tage totenstill vergehen …

zu der sanften Mälarlandschaft und ihren Herrenhäusern und Schlössern hinter mächtigen Alleen, und ihren verbliebenen Eichenwäldern und den weißen Zweigen der Schlehen im Frühling:

Ich gehe auf einem Pfad und muss plötzlich innehalten.
Hier ertrinkt der Blick in unermesslichem Glanz.
Die Blüten meiner Heimat erheben sich wie ein Schleier
zum ungreifbaren Tanz der Schmetterlinge in der Luft.

Der Abstand mag beträchtlich erscheinen – geographisch, soziologisch und vor allem poetisch, obwohl die Dichter nahezu Zeitgenossen sind. Für den, der mit der Region vertraut ist, verringert sich der Abstand, und es entsteht ein Zusammenhang. Dan Anderssons Gedicht handelt vom Land der Kohlenmeiler, der Stille tief drinnen in den menschenleeren Wäldern, und Silfverstolpes Eindruck vom silbrigen Mälarlicht hat etwas mit der Rolle des Wassers zu tun. Der Weg ist eigentlich der uralte Weg des Eisenerzes, wie er noch in den 1940er Jahren aussehen konnte; hergestellt mit Holzkohle aus den Meilern des Hochwalds, wurde es auf den Wasserwegen hinunter zu den großen Seen Mälaren und Hjälmaren befördert, und von dort aus durch ein Labyrinth von Buchten, schmalen Passagen und engen Durchfahrten hinaus nach Stockholm, dem Verschiffungshafen.

Die graue Kargheit, die Einsamkeit der Moore und »endlosen Heideflächen« hat eine Öffnung, ein Tor, hinaus zu helleren Landschaften und weiten Gewässern. Reisen der Art, wie wir sie angedeutet haben, oder in der entgegengesetzten Richtung, finden sich schon in alten isländischen Chroniken. Die mittelschwedische Region verkehrt zuerst auf Wasserwegen, dann auf den legendären alten Landstraßen, zum Beispiel der alten Dalastraße über Långheden und

Sala, die die Pferdefuhrwerke und Tagelöhner zur Fahrt in die Reichshauptstadt und zurück nutzten, dann nach und nach mit der Eisenbahn, und schließlich mit den heutigen zahlreichen Verkehrsmitteln.

Es gab eine Zeit, sagen wir in der Jugend des Dichters Vilhelm Böttiger, als Örebro, Stockholm und Västerås weit voneinander entfernt lagen und die Fahrt der Postkutschen über Land von einem ständigen Öffnen und Schließen der Gattertore unterbrochen wurde. Heute wirken sich Schwankungen der Stockholmer Immobilienpreise unmittelbar auf den Wohnungsmarkt in Västerås aus. Die mittelschwedische Region ist eine offene Landschaft. Moderne Straßenverbindungen, schnelle und häufig verkehrende Züge, auch zu den Hüttenwerksorten oben im Norden, und vor allem die moderne Informationstechnologie haben eine Region in raschem Wandel hervorgebracht.

Es gibt jedoch noch bemerkenswertere Kontraste. Zwischen der Modernität von Städten wie Stockholm, Västerås und Örebro und der eigentümlich heiteren Stille im oberen Svartådalen mit seinen seichten Vogelseen und friedlichen Dörfern mit Namen wie Ål, Söràl, Västerbykil verläuft unbestreitbar ein Graben, eine Kluft. Hier erscheint die Landschaft, flach und grün, mit ihren Scheunen und ruhig weidenden Herden wie ein holländisches Landschaftsgemälde aus der Großmachtzeit. Jedoch mit dem Unterschied, dass in dem mächtigen Hellaskogen, der dieses Tal nach Osten hin begrenzt, gar nicht so selten Bären vorkommen.

Im Winter 2010 wurde ein Wolfsrudel auf dem Eis des Hörendesjön gesichtet, nicht weit vom Dorf Nyhyttan.

Es kann also so scheinen, als ob man nicht nur zwischen verschiedenen Ländern wechselte, sondern auch zwischen verschiedenen Zeitaltern, wenn man sich zwischen Feldern, Wäldern und Gewässern in dieser Region bewegt. Vieles kann einen Eindruck von Zeitlosigkeit machen, als sei der Gang der Jahrhunderte nur das kaum hörbare Ticken einer mächtigen Uhr.

In Zentraleuropa gibt es ganze Länder, die homogener sind als diese eigentümlich widersprüchliche und abwechslungsreiche mittelschwedische Region. Sie ist karg wie Västerbotten, und sie ist sanft lächelnd wie die Bjärehalbinsel. Auch in Stockholm gibt es diese Kontraste, zwischen einer urbanen Umgebung, die heute Touristen und Handel aus der ganzen Welt anzieht, und der plötzlichen Waldesstille, die draußen bei Järna oder Sickla beginnt – unmittelbar an den äußersten U-Bahnhaltestellen.

Der Wald breitet sich tief und weit aus, und nur die großen Ebenen, Salaslätten im Norden und Närkeslätten im Süden, machen einen Eindruck von Öffnung, von beharrlichem und erfolgreichem Anbau durch die Jahrhunderte. Denn der Wald ist auf eine andere Art zeitlos. Die Region ist also von Modernität und Altertümlichkeit geprägt. Aber man kann die Modernität auch als aufdringlich, ja sogar als brutal empfinden.

Die neuen und für diese Region so bedeutsamen Europastraßen, E 18 und E 4, ziehen mit dem Lineal rücksichtslose Schnitte durch die Landschaft, der eine oder andere alte Hof bleibt scheinbar zusammenhanglos am Rand stehen. Reichsstraßen wie die 65 und die 70 verlaufen durch die alten, entlegenen Gebiete der Einödhöfe und der Auerhahnbalz. Sie führen uns, kann man sagen, auf eine brutale und rasche Art in eine Wildnis hinein, die wir sonst nur durch mühselige Tageswanderungen erreichen könnten. Aber noch sind wir weit von der durch und durch urbanisierten Landschaften Mittel- und Westeuropas entfernt.

Wenn wir von Mittelschweden als akustischem Milieu sprechen, ist es reizvoll, sich daran zu erinnern, wie die Geräusche sich verändert haben. Autobahnen und wichtige Landstraßen schaffen eine neue Art von Lärmteppichen. Aber es gibt auch Gegenden, die viel stiller geworden sind. In den 1940er Jahren hallte das Hüttenwerk von Ramnäs am See Nadden im Wassersystem des Kolbäcksån von den Geräuschen der industriellen Tätigkeit wider; die Orchesterklänge des Walzwerks, die ängstlichen Schreie der Sägerahmen.

Fast alles davon ist jetzt verschwunden. Die Frage ist, ob Bergslagen mit seinen Hüttenwerken und seiner Eisenverarbeitung zuvor jahrhundertelang genauso still gewesen ist wie in diesem neuen Jahrhundert. Neue, stille Industrien übernehmen den Platz der alten.

Wölfe und Bären kehren im Norden zurück. Und das Wildschwein nistet sich von Süden her ein.

Wie wird diese Region aussehen, wenn wir genauso weit in die Zukunft schauen, wie Erik Axel Karlfeldts Jahre als Gymnasiast in Västerås zurückliegen? Was wird der Poesie, dem Erfindungsreichtum, der Kreativität entsprechen, die das Leben hier durch so viele Jahrhunderte hindurch geprägt haben? Wir sollten nicht vergessen, dass die Mälartalregion jahrhundertelang ein Füllhorn an schwedischen Erfindungen war. In Eskilstuna wurde der Schraubenschlüssel, »the adjustable wrench«, »le clé anglais«, von einem einfallsreichen Schmied geschaffen, und in Västerås lief der dreiphasige Wechselstrom in Jonas Wennströms Laboratorium zum ersten Mal durch eine Kupferleitung. Es gäbe noch viele andere Beispiele. Europas Anteil an der Weltwirtschaft ist heute deutlich geringer als während des 19. Jahrhunderts, als Bergbau und Eisenverarbeitung die mittelschwedische Region dominierten, ein Fünftel, verglichen mit einem Drittel im Jahr 1870, wenn wir dem hervorragenden Historiker Nial Ferguson Glauben schenken wollen. Vor diesem Hintergrund soll die Region den Anforderungen der Zukunft gerecht werden.

Wie in so vielen anderen Zusammenhängen werden auch hier die intellektuellen und kulturellen Ressourcen entscheidender sein als die der Natur. Stockholm, aber nicht nur Stockholm, sondern auch Orte wie Västerås, Köping, Örebro und Karlstad haben reiche kulturelle Traditionen. Die kulturelle Blüte, oder ihre Abwesenheit, hat oft etwas Rätselhaftes an sich. Orte, die äußerlich durchaus gleichwertig mit beispielsweise Göteborg und Malmö erscheinen, können auf der literarischen Karte eine ganz andere Dimension haben.

Die mittelschwedische Region ist einzigartig durch ihre künstlerische, literarische und technologische Kultur.

DIE ALTEN STRASSEN

An der Ostseite des Sees, wo ich die meiste Zeit meiner Kindheitssommer verbrachte, verlief ein unscheinbarer Kiesweg. Und gleich neben dem Milchgestell, wo man jeden Tag frische Milch eingeschenkt bekam, wenn man eine saubere Kanne hinstellte und die Milchkupons des Hüttenwerks dazulegte, stand ein Meilenstein. Eine Viertelmeile.

»Ich bin ein Meilenstein, der ausgedient hat«, sagt ein solcher Meilenstein in einem der patriotischen Gedichte von Hjalmar Gullberg und lädt damit zu einer interessanten sprachphilosophischen Diskussion ein.

Dies also war die alte Hauptstraße zwischen den Hüttenwerken von Ramnäs und Seglingsberg, die dann weiter hinauf nach Virsbo führte. Wo die Straße einmal endete und im Sommer der Bootsverkehr und im Winter die Wege über das Eis begannen. Noch heute kann man den Weg manchmal von der neuen Straße aus sehen, als einen mehr oder weniger überwucherten Hang, eine Erhebung im Unterholz. Hier und da vereint sich die alte Straße mit der neuen. Und manchmal erblickt man eine uralte Brücke mit einem Steingewölbe, direkt neben der Straße.

Ich weiß nicht recht, warum diese Sache mit der alten Straße und ihrer Schattenexistenz neben der neuen mich so fasziniert. Vielleicht, weil die Vergangenheit hier sichtbar wird. Im nördlichen Bohuslän bei Torps alter Schule in

Backa, ganz nah an der norwegischen Grenze, verläuft eine solche alte Dorfstraße. Sie schlängelt sich wild, wie alle alten bohusländischen Straßen, im Gegensatz zu den ausgeklügelten, mit dem Computer berechneten modernen Schnitten durch die Landschaft.

Diese alte Straße ist etwas Besonderes. Wenn es sich so verhält, wie viele Leute glauben, ist das die Straße, auf der Karl XII. nach seinem Tod vor der Festung von Fredriksten in Halden zurückgebracht wurde. Und auch wenn das vielleicht mit Karten aus den ersten Jahrzehnten des 18. Jahrhunderts bewiesen werden müsste, bleibt es faszinierend.

Übrigens gibt es auch am Barton Creek in Travis County, Texas, einen solchen Wanderweg, der dem Lauf des Bachs folgt. Hier trifft man den einen oder anderen Radfahrer auf einem *mountain bike* und Schüler bei einem Klassenausflug, die den eleganten Tanz der Grasschlange im Wasser und das muntere Springen des *noli me tangere* kennenlernen sollen. An ein paar Stellen kommt der Kalksteinboden an den Tag, und dort kann man ganz überraschend tiefe, eingeschliffene Räderspuren sehen. Solche, die Jahrhunderte brauchen, um in das Gestein eingeschliffen zu werden.

Kann das sein? Barton Creek, heute ein beliebter Badeplatz, war der Ort einer der ursprünglichen *Missionen* entlang der Hauptstraße des spanischen Imperiums – *El Camino Real.* Hier wohnten mit anderen Worten Menschen, lange nachdem Oberst Austin sein Gebiet ins Grundbuch hatte eintragen lassen. Wäre es möglich, dass die schweren Wagen mit den Importen und Exporten des spanischen Königs, geleitet von schwerbewaffneten Reitern im Harnisch, einst hier entlanggerollt sind?

Wir müssen gar nicht so weit weg gehen. Wenn wir als

Zeitreisende etwa Västmanland oder Närke besuchen könnten, hätten wir vermutlich Schwierigkeiten, uns zu orientieren, weil das Straßensystem so mangelhaft, so bescheiden, so diskret in der Landschaft versteckt wäre. Selma Lagerlöf erwähnt mehr als einmal in ihren Briefen, wie sie die Reise von Sunne und Mårbacka nach Stockholm meidet, weil sie sich in der Zeit der Frosthebung nicht auf die Straßen verlässt.

Bei den alten Straßen handelt es sich um eine ganz andere Art, mit dem Raum umzugehen, als der unseren. Frieden und Krieg, Liebe und Hass, Philosophie und Torheiten – alles muss sich anders ausgenommen haben in einer Welt, in der man eine Woche brauchte, um von Sunne nach Stockholm zu fahren.

Oder habe ich möglicherweise unrecht? Lasst uns gern darüber diskutieren!

DAS WETTER IN SCHWEDEN

Beginnen wir damit, ein Gespräch zwischen zwei Einwohnern der Stadt Örebro zu belauschen, die mit 100 000 Einwohnern mitten in Svealand liegt, aber auch das Zentrum des sogenannten »Nörgelgürtels« ist.

A: »Schönes Wetter heute.«

B: »Heute. Ja.«

Vermutlich ist es gar nicht so, dass die Einwohner von Örebro und Umgebung mehr nörgeln als alle anderen Schweden. Das ist allerdings kaum auf eine zufriedenstellende Weise zu messen. Doch der Dialekt mit seinen abfallenden Tönen kann leicht als etwas nörgelnd aufgefasst werden. Man muss B. in dem obigen Beispiel wohl als abgeklärten Skeptiker ansehen – zumindest was das Wetter betrifft.

Die Schweden haben ein sehr kompliziertes Verhältnis zum Wetter. Kein Wunder, so wechselhaft wie es ist! Es ist vermutlich das häufigste Thema unter den Schweden – mit einer völlig unbekannten Person kann man leicht ins Gespräch kommen, indem man die Konversation im Bus, im Laden oder sonst wo in der Öffentlichkeit mit den Worten einleitet: »Heute haben wir ja wohl einen Kälterekord«, »Endlich zeigt sich die Sonne«, oder »Heute hat der Himmel seine Schleusen geöffnet«. Eine nicht sehr intelligente, aber übliche Antwort ist dann: »Ja, aber er muss ja doch herunter.« Der Regen nämlich.

In diesem ungewöhnlich kalten Winter 2011/2012 hat die Temperatur *gleichzeitig* zwischen ein paar Plusgraden in Schonen bis zu 30 Minusgraden im Innern von Norrland variiert – unser Land ist ja sehr langgezogen. Die warnende Schlagzeile »Glatteis im ganzen Land« ist deshalb kaum glaubwürdig. Dieser Dezember galt als der kälteste seit ein paar Jahrhunderten. Schonen ist im Winter bald unter Schneemassen verborgen und bald in Wasser getränkt, wenn der Schnee allzu schnell schmilzt. Sogenannte Warnungen ersten Grades werden häufig für bestimmte Teile von Schweden ausgegeben – man hält die Autofahrer dazu an, sich nur wenn unbedingt nötig hinauszubegeben. Bei Glatteis passiert es häufig, dass die Autos von der Straße abkommen. Kürzlich blieb eine Frau auf einem kleinen Waldweg im Schnee stecken und wurde erst nach einem Monat gefunden. Das überschneite Auto war von einem ausgeschickten Hubschrauber aus nur als kleine Erhebung in der Schneedecke sichtbar gewesen.

In Stockholm gilt es, mit einem Auge nach oben zu sehen, damit man nicht von einem Eiszapfen oder einer Dachlawine getroffen wird, und mit dem anderen nach unten, damit man nicht auf einem tückischen Eisfleck ausrutscht. In dieser Jahreszeit füllen sich die Notaufnahmen mit Patienten, die sich ein Handgelenk oder ein Bein gebrochen haben. Auch das übrige Europa wurde in diesem Winter von katastrophalem Wetter heimgesucht. Wer jedoch mit überheblicher Stimme und unter Berufung auf die zwei letzten ungewöhnlich kalten Winter die Erderwärmung bestreitet, verwechselt Wetter mit Klima, was eine ganz andere Sache ist.

Trotz des Wetters will der Schwede nirgendwo sonst leben als hier, auch wenn immer mehr Leute auf die Kanarischen Inseln oder nach Thailand flüchten, um dem Matsch und der Winterdunkelheit für eine Weile zu entkommen. Aber die meisten lieben gerade diesen Wechsel zwischen den verschiedenen Jahreszeiten und schätzen es, dass sie sich so deutlich unterscheiden.

Das schwedische Wetterjahr beginnt im besten Fall mit einem klaren, kalten und knisternden Januartag, an dem das Licht schon auf den Frühling hoffen lässt. Kurz nach der Wintersonnenwende beginnt die Meise mit ihren Frühlingsliedern, und bald folgen andere Vögel. Im Februar, dem kältesten Wintermonat, widmet sich der Schwede gern dem Skifahren oder anderen Wintersportarten, und im März mit seiner Schneeschmelze kann man sich schon über die ersten zarten Frühlingsblumen an der Hausecke oder am Grabenrand freuen. Der April ist ein Monat, der besonders für sein launisches Wetter bekannt ist, der Begriff »Aprilwetter« deutet darauf hin, Schnee und Frühlingswetter wechseln ohne richtige Ordnung. Erik Axel Karlfeldt (1864–1931) hat über den April geschrieben:

Nichts ist wie die Wartezeiten,
Frühjahrsfluten, Knospenzeiten.
Selbst der Mai verbreitet nicht
des Aprils so klares Licht.
Betritt die letzte Glätte des Wegs,
der Wald gibt seine kühle Ruh
und sein tiefes Rauschen dazu.

Vielleicht muss man ein Schwede sein, um zu verstehen, wie wir diese exakte Beschreibung der Übergangszeit zwischen Winter und Frühjahr erleben.

Anfang Mai platzen die Knospen auf, die gesegnete Wärme ist da, die Vögel jubeln, und der Schwede würde auch gern jubeln und sich der Natur hingeben, wäre er nicht so gehemmt. Für den Schuhmacher, der ein Schild mit den Worten »Zwischen Traubenkirsche und Flieder geschlossen« aufgehängt hat, für die köstlichste Zeit des Frühsommers, hat man volles Verständnis. Der schwedische Sommer, ach so kurz, *ist* köstlich, das heißt – wenn er nicht verregnet ist. Im Juli, dem Höhepunkt des Hochsommers, nehmen dann die meisten Schweden Urlaub. Die Kinder haben Schulferien, und wer immer die Möglichkeit hat, den zieht es an den Strand, sowohl an die Meeresstrände im Westen, Süden und Osten des Landes, als auch an die Seen. Heutzutage kann man auch hervorragend mitten in Stockholm baden. Es gibt *fast* für jeden Menschen einen See; zusammengenommen bilden alle kleinen und großen Seen nahezu ein Zehntel von Schwedens Gesamtoberfläche. Im August ist die Luft klar und der Sommer vollendet – aber wir wissen, dass Lars, der am 10. August Namenstag hat, »kalte Steine ins Wasser wirft«, und bald werden die Abende kühler. September ist die Erntezeit – »Denk im November an den holden September« –, und im Oktober kann zusammen mit dem Laub der erste Schnee fallen. Im November zieht man sich am liebsten ins Haus zurück, während die Herbststürme um die Ecken pfeifen. Der Dezember ist außerordentlich dunkel, auch wenn der Schnee große Teile des Landes bedeckt, aber dann zünden die Schweden Kerzen an oder machen Feuer im Kamin, um die Mächte der Dunkelheit zu erweichen, oder sie mummeln sich ein, gehen in die Kälte hinaus und kommen mit roten Backen wieder. Schon als Kinder wurde uns eingetrichtert, »es gibt kein schlechtes Wetter, nur schlechte Kleidung«.

Aber wie kann jemand, der nicht von Kindesbeinen an die Dunkelheit im nördlichen Schweden gewöhnt ist, den strengen Winter überstehen? Dort herrscht ja zwischen November und Februar tiefste Dunkelheit, die Sonne zeigt sich nur für etwa eine Stunde. Ein Einwohner von Gällivare sagte auf diese Frage, es sei ja tatsächlich nicht wirklich dunkel – der kreideweiße saubere Schnee erhelle das Ganze, und so werde man dadurch entschädigt, dass es da oben im Land der magischen Mittsommersonne eigentlich die ganze Zeit hell sei. Nach der Wintersonnenwende am 22. Dezember wendet sich dann das Jahr, die Tage werden Minute für Minute immer länger und heller – und dann fängt alles wieder von vorn an!

Das Wetter hat natürlich seinen Einfluss auf uns Schweden. Der Dichter, Philosoph und Intellektuelle an meiner Seite ist ein ausgezeichnetes Beispiel für einen urschwedischen Mann, mit einem intensiven und zutiefst persönlichen Verhältnis zu Wind und Wetter. Eine ungefähre Schätzung ergibt, dass vielleicht ein Drittel seiner täglichen Überlegungen und Äußerungen sich ums Wetter, seine Ursachen und Auswirkungen dreht. Die verschiedenen Wetterlagen werden oft mit anderen verglichen, die der Dichter in seinem langen und strebsamen Dasein erlebt hat, auch in Texas. Wenn es blitzt und donnert und die Verfasserin dieser Zeilen etwas unruhig wird, da wir uns ungeschützt im Boot mitten in einer Bucht des Hörendesjön befinden, um Barsche zu angeln, ruft der Dichter aus: »Ha, dann hättest du erst das Gewitter in Austin am 1. September 1987 erleben sollen, als mehrere Dächer von den Häusern flogen und der Blitz in die große Eiche vor unserem Haus einschlug und sie in zwei Teile spaltete! *Das* war ein Gewitter!« Jeder Wetterbericht wird aufmerksam gehört und kenntnisreich kommentiert. Wenn das Thermometer vor dem gemütlichen Arbeitszimmer des Dichters in Söder in Stockholm unter null sinkt, ruft er mit Sehnsucht im Blick aus: »Heute ist in Austin ein 30 Grad warmer Frühlingstag.«

An manchen Tagen weigert sich der Dichter, überhaupt auszugehen – unter dem Vorwand, es sei entweder zu kalt oder zu warm, zuwenig Sonne oder zuviel. Er glaubt auch, das Wetter vorhersagen zu können – er behauptet, es deutlich in einem Bein zu spüren, wenn ein Tief im Anzug ist. Zwar hat man genau das im Wetterbericht gesagt, aber man sollte vor allem einem Gentleman aufs Wort glauben. Das Thermometer vor dem Fenster wird jeden Morgen sorgfältig abgelesen, kommentiert und das Ergebnis mit der Temperatur verglichen, die am selben Tag im Vorjahr geherrscht hat – der Dichter hat ein ausgeprägtes Gedächtnis für verschiedene Wetterlagen. Sollte es regnen, wenn er vorhatte, einen kleinen Spaziergang zu machen, nimmt er dies als schwere persönliche Kränkung.

Bleibt nur das Problem, dass unklar ist, an wen er sich mit seiner Anklage wenden soll.

ÄNGELSBERG – VÄSTERÅS – STOCKHOLM

Im Hauptbahnhof von Västerås, Bahnsteig 1 a, stehen ein paar Bänke für wartende Reisende. Der dritten östlich vom Bahnhof fehlt ein Brett, das zweite. Daran ist eigentlich nichts Bemerkenswertes. Man kann trotzdem darauf sitzen. Es ist nur so, dass dieses Brett schon seit drei Jahren fehlt.

Ich frage mich oft, ob ich sie noch zu meinen Lebzeiten repariert sehen werde. Der zunehmende, fast russisch anmutende Verfall der Bahnhöfe, die von dem schwedischen Staatsbahnunternehmen SJ und seinem Schwesterunternehmen Banverket betrieben werden – wer hat nicht die eigentümlichen, wachsenden Müllhaufen bemerkt, die die Prellböcke für die von Norden kommenden Züge im Stockholmer Hauptbahnhof umgeben –, bildet einen wirkungsvollen Kontrast zu der zunehmenden Sorgfalt an der Linie Västerås-Fagersta-Ludvika. Bahnsteige werden verbreitert, die prächtigen Blumenkübel am Bahnhof von Ängelsberg signalisieren, dass es hier etwas Besonderes gibt.

Das Netteste an der Strecke Ludvika-Fagersta-Västerås sind, abgesehen von den stellenweise großartigen Ausblicken auf ständig wechselnde große Seenflächen, all die jungen Leute, die zwischen sieben und acht Uhr morgens in den Zug einsteigen, in Virsbo, Ramnäs, Surahammar. Sie sind unterwegs zu den Gymnasien von Hallstahammar und Västerås. Dies ist natürlich die junge Elite Västmanlands, die einmal die Zeichenbüros und Werkstätten übernehmen wird. Die Jungens groß, tolpatschig, lebhaft, die Mädchen vergnügt, ständig ihre SMS tippend. Alle kommunizieren, aber die meisten mit den Abwesenden, und nur ein paar miteinander.

Alles, was auf einem Computer mit Anschluss ans Netz geschrieben wird, steht der ganzen Welt offen. Und alles, was in einem Eisenbahnwaggon in ein drahtloses Telefon gesagt wird, ist ebenfalls öffentlich.

Worüber sprechen sie? Über alles Mögliche. Und alles, was man aufschnappt, sollte man nicht veröffentlichen. Das wusste auch Marcel Proust, von dem es jedoch heißt, er hätte den Kellnern großzügige Trinkgelder dafür gegeben, wenn sie ihm berichteten, was an den Nachbartischen geredet wurde.

Sie sprechen viel über ihre Kurse und ihre Lehrer, genau wie wir es in den fernen fünfziger Jahren getan haben, in dem gelben Schienenbus zwischen Enköping und Uppsala.

Eine Redewendung, die ich öfter aufschnappe, vielleicht gerade ein Modewort, ist »absolut wertlos«. Dieser Kurs ist absolut wertlos, dieses Laborexperiment, bei dem der Betreffende sich den Finger verbrannt hat, war absolut wertlos, dieses Konzert war sein Geld nicht wert und absolut wertlos.

Auffallend ist, wie frei sich diese vitalen jungen Menschen durch die Landschaft bewegen, von Ängelsberg nach Västerås und nicht selten weiter nach Stockholm, zwischen ihrem Zuhause, der Schule, der Freizeit. Das hier sind keine Landeier, aber auch keine Städter. Sie gehören zu einer neuen Art. In Västmanland gibt es richtige Landbewohner, zum Beispiel draußen in den uralten Dörfern im Svartådalen,

Ålsvärta, Nyhyttan, Västerbykil. Aber diese jungen Leute gehören nicht dahin. Ihnen steht ein größerer Raum zur Verfügung als uns damals. Sie sind in Bewegung, und im Grunde auf dem Weg fort von Wildwuchs, Mooren und den großen, stillen Seen.

Der Bischof vom Stift von Västerås, Claes-Bertil Ytterberg, ein alter Bekannter, den ich an diesem Tag zur Mittagszeit in der Schlange vor der Wurstbude am Stora Torget in Västerås treffe, hat mir einmal erzählt, wie beeindruckt er als kleiner Junge war, als er mit dem Bus von zu Hause in Surahammar nach Västerås mitkommen durfte, *wo es gepflasterte Straßen gab.*

NORBERG

Im nördlichen Teil von Västmanland, an der Grenze zu Dalarna, liegt die kleine, gut erhaltene Stadt Norberg und träumt von ihrer vorgeschichtlichen Blütezeit, als die Erzförderung die Stadt zu einem wichtigen Knotenpunkt machte. Viele sprechen nur von der »Kommune« Norberg – das ist ja die bürokratische Bezeichnung. Aber ich bestehe darauf, das Wort Stadt zu benutzen: Denn Norberg ist eine von Schwedens allerältesten. Auf einigen Handelskarten aus der Renaissance ist Norberg vermerkt – aber Stockholm nicht!

Wo wir wohnen, ganz nah am Norbergsån, liegt das historische Zentrum der Stadt, bebaut mit schönen alten Holzhäusern, die meisten falurot. Der alte, früher so lebendige Marktplatz ist zwar heutzutage ein Parkplatz, und dort parken diejenigen, die arbeiten oder etwas im Rathaus zu erledigen haben. Ein Gebäude aus den 1960er Jahren, das mit seiner grauen Betonfassade gut in eine DDR-Stadt gepasst hätte, heute aber als so typisch für die Bauweise jener Zeit gilt, dass es unter Denkmalschutz gestellt wurde. Ganz in der Nähe dieser modernistischen Schöpfung gibt es mehrere prachtvolle alte Bergmannshöfe mit Scheunen und Schuppen, und unten am Fluss noch die Waschhäuser, so wie sie in früheren Zeiten aussahen. Aus der Scheune gleich neben unserem Haus führt eine Treppe in ein Kellergewölbe, das aus dem 15. Jahrhundert stammen soll und ganz nahe bei der

Kirche liegt. Vielleicht existiert von dort ein Verbindungsgang zu der Kirche, deren Gewölbe es schon im 15. Jahrhundert gab. Das regt die Phantasie an, und ganz unmöglich ist es nicht. Man kann sich überhaupt fragen, auf welchem Boden man geht – Norberg lässt sich mit einem auf den Kopf gestellten Manhattan vergleichen, denkt man an all die Stollen und Höhlen, die sich in dieser Gegend unter der Erde befinden. Schon im frühen Mittelalter wurde hier Bergbau betrieben. Laut der Nationalencyklopedi gibt es vierzig Hüttenruinen, ein Dutzend Ruinen von Hammerwerken und Hunderte von Grubenlöchern.

In relativer Nähe befinden sich die Kupfergrube von Falu und die Silbergrube von Sala. Dass die alten Bergmannshöfe von Norberg rot gestrichen sind (die bekannte Marke heißt *Faluner Rot*), liegt daran, dass man Farbpulver als Nebenprodukt der Kupferverarbeitung in der Falugrube gewann. Gerade diese rote Farbe gewann eine große Verbreitung: Man findet sie an einer Menge von schwedischen Holzhäusern, sowohl Wohnhäusern wie Scheunen, in ganz Schweden.

Dort, wo wir wohnen, sind wir nicht mehr als höchstens zweihundert Meter entfernt von fast allem, was man zum Leben braucht: zwei gut sortierte Läden, die hinsichtlich der Preise ein bisschen mehr miteinander konkurrieren sollten, Apotheke, Spirituosenladen (die Schweden dürfen Wein und Schnaps nicht in gewöhnlichen Lebensmittelläden kaufen), die berühmte Konditorei Elsa Andersson mit ihrer original erhaltenen Möblierung aus dem 19. Jahrhundert, ach so schwedisch, wo die Menschen hineinschlüpfen und leckeres Prinzessinnengebäck mit grünem oder rosa Marzipan oder in der Fastenzeit die berühmten »Semmeln« verzehren.

Hin und wieder überschwemmt eine Busladung von Rentnern die Konditorei, um sich ihrem vielleicht einzigen verbliebenen Laster hinzugeben: Kaffee mit Zuckergussgebäck oder einer Zimtschnecke.

Es kommt nicht oft vor, dass jemand in Norberg ein neues Unternehmen gründet, aber in einem der feinsten Häuser, dem sogenannten Näbbgården im historischen Zentrum der Stadt, ist dies mit Erfolg geschehen. Dort gibt es jetzt eine Bäckerei, die die allerbesten Brote herstellt. Evelynes Bäckerei hat geöffnet, solange der Vorrat reicht, aber ihre selbstgebackenen Köstlichkeiten (»auf den Sauerteig achten«, steht auf einem Zettel an der Theke) sind oft ausverkauft, sobald sie warm aus den Öfen kommen. An ein paar Tagen in der Woche wird bei der von der Ofenwärme rotbackigen Evelyne auch Suppe serviert. Es ist ein beruhigendes Gefühl, in ihrer kleinen Bäckerei zu sitzen, den Duft gebackenen Brotes zu riechen und viel Butter auf die Schnitte zu streichen, während man seine Suppe schlürft und mit den anderen Gästen plaudert.

Ein gut ausgestattetes Antiquariat, eine Bibliothek, Abrahamsgården, ein Handwerkszentrum mit feinem Kunsthandwerk vorwiegend von lokalen Künstlern, und eine Galerie – das traditionsreiche Wirtshaus Engelbrekt (hier gab es schon im 17. Jahrhundert ein Gasthaus) mit Büffet am Sonntag – was will man mehr? Nun, vielleicht etwas nur für die Seele: schließlich liegt auch die Kirche mitten in dem Ort, und sie ist täglich für Besucher geöffnet, im Gegensatz zu den meisten ländlichen Kirchen. Da kann man für ein Weilchen hineinschauen, Kerzen für die Toten anzünden und über die Mysterien des Daseins nachsinnen.

Hinzuzufügen ist noch eine kleine Eigentümlichkeit: In

Norberg wimmelt es von Friseusen – hier ist es offenbar sehr wichtig, gepflegte Haare zu haben. Im Übrigen wirken die Leute in Norberg nicht besonders eitel. In diesem ehemaligen Hüttenwerksort gilt eher die Regel, nicht zu sehr hervorzustechen, sich nicht zu wichtig zu nehmen. Dafür wissen wir, die aus der Großstadt kommen, es sehr zu schätzen, dass man alle grüßt, denen man begegnet, also auch Fremde. Kleine Kinder halten manchmal mitten in ihrem Spiel inne und rufen »hallo«, wenn man vorbeigeht. Das ist wirklich herzerfrischend. Wer gern Langlaufski fährt, kann übrigens auch nach Norberg kommen, um dort seinen Sport auszuüben. Es gibt viele Loipen, die sich in Schwierigkeitsgrad und Länge unterscheiden.

Dieser späte Märzvormittag in Schweden wirkte wie neu geboren: Über Nacht war ein wenig Neuschnee gefallen, der wie weißer Puderzucker auf dem schon etwas schmuddeligen älteren Schnee lag, aber jetzt war es wolkenlos und sonnig. Ein perfekter Tag zum Skilaufen. Wir wählten eine Loipe, die an vier Seen entlang und durch den Wald führte. Mit Rücksicht auf unser Alter machten wir genau dort halt, wo die Loipe anfängt, steil anzusteigen – hier verzehrten wir genüsslich unsere Apfelsinen, ehe wir umkehrten. Nie schmeckt eine Apfelsine besser, und nichts schmeckt besser als eine Apfelsine, wenn man mit zur Sonne emporgewandtem Gesicht in der großen Stille steht. Ist das nicht ein deutliches Beispiel für Achtsamkeit, diesen jüngsten Trend?

Mit uns selbst zufrieden, nehmen wir uns auf dem Heimweg ein bisschen mehr Zeit, die einzigen Geräusche sind das Knarren der Stöcke, das etwas spöttische Krächzen einer Krähe und das eine oder andere Gezwitscher eines Frühlingsvogels. Der Duft von Holzöfen ist deutlich in der frischen Luft zu riechen. Wir haben Glück: da während der Nacht Neuschnee gefallen ist, erkennt man deutliche Fährten eines Luchses neben der Loipe. Diese schönen, scheuen Tiere sind manchmal auf dem Håberget in der Nähe zu sehen.

Norberg ist heute ein etwas schläfriger Ort, dessen Bevölkerungskurve sinkt (die Stadt hat gut 4000 Einwohner, die Kommune 5000). Aber vielleicht kann sich das in einer nahen Zukunft ändern: Mehrere alte Bergwerke werden jetzt wieder in Betrieb genommen, und viele Firmen bewerben sich um eine Genehmigung, in Schweden nach Erz zu suchen. Wer weiß, vielleicht wird auch Norberg einer neuen Blüte entgegengehen?

BEI ELINORS BÄCKEREI IN NORBERG

In Norberg, an einem frühen Morgen im Mai
schwebt der Duft von Lindenblüten und Holunder
von alten Bäumen neben alten Häusern
schwerelos über dem Duft von frisch gebackenem Brot

Unter uns gibt es Eisen, viel Eisen
mächtige Körper aus Eisen
unzählige kleine schlafende Körner
die in der Stille den Kompass ablenken

Die Welt kommt hervor, sobald die Nacht vorüber ist
und erlebt stille Verwandlungen
aber jemand wird bei Sonnenaufgang dasein
um mit starken Händen weichen Teig zu kneten

Und die Welle von Wärme, die hervorbricht
wenn man die Ofenklappe öffnet
ist die jüngste Schwester des weißen Hauchs
vom Ausstoß längst verwitterter Hochöfen

Die Welt erlebt stille Verwandlungen
Eisen kann zu Schwertern oder Schmiedehämmern werden
Viele Schwerter Viele Schmiedehämmer
Viele Tote Viel Brot

SANKTA LUCIA

Sankta Lucia, helle Erscheinung
verbreite in unserer Winternacht
den Glanz deiner Schönheit
Träume mit Flügelrauschen
schenke uns allen
steck deine Kerzen an
Sankta Lucia …

Es ist ganz still an diesem Wintermorgen. Ein bisschen leuchtet der Schnee da draußen – er hat sich gerade wie eine weiße Decke, mehrere Dezimeter dick, ausgebreitet. Ein paar Schneeflocken segeln langsam zu Boden. Es ist halb sechs, und wir liegen schon ein bisschen auf der Lauer, sehr erwartungsvoll. Kommt bald die Lucia mit Sternjungen, Jungfrauen und dem Wichtel? Da hören wir leises Flüstern, klapperndes Geschirr und nehmen den unverkennbaren Duft von Kaffee wahr: Wir verkriechen uns schnell unter der Decke und tun so, als würden wir schlafen. Die Tür geht auf, Kerzenlicht dringt herein, und eine Schar von jungen Lichtgestalten betritt das Zimmer, »Sankta Lucia« singend. Wir setzen uns im Bett auf und sehen sehr gerührt die kleine Lucia mit brennenden Kerzen in einem Kranz von Preiselbeerzweigen auf dem Kopf, die langen blonden Haare offen und eine rote Seidenschärpe mit einer Schleife um die Taille geschlungen. Lucia blickt ins Zimmer hinaus, sieht uns nicht direkt an, vom Ernst des Augenblicks ergriffen. Sie trägt ein Tablett mit Kaffee und Tassen sowie einer Schale mit Pfefferkuchen und Safrangebäck. Rings um sie her gruppieren sich die drei Jungfrauen, ebenfalls in weißen Hemden, aber mit Glitzerzeug im Haar und um ihre runden Kinderbäuche herum, jede mit ihrer Kerze in der Hand. Der rothaarige Sternjunge hat, wie es sich gehört, eine hohe weiße Papiertüte mit drei goldenen Sternen auf dem Kopf und ein weißes Nachthemd an. Der Sternjungenhut ist über dem einen Ohr ein bisschen verrutscht, er ist etwas unförmig. In der einen Hand hält der Junge einen Stab mit einem Stern an der Spitze, in der anderen eine Kerze. Ausnahmsweise ist er ganz ernst.

Ein sehr kleiner Wichtel in Rot und mit einer Zipfelmütze setzt sich neben die Lucia und versucht so gut es geht den Text mitzusingen. Die Katze nimmt die Gelegenheit wahr, ins Zimmer zu schlüpfen – nach Art der Katzen tut sie völlig uninteressiert, will aber gern dabeisein. Noch ein Lied bekommen wir zu hören: »Staffan war ein Pferdeknecht« mit dem Refrain »Wir danken jetzt so gern ...« Diese Kinder singen so schön mit ihren klaren, reinen Stimmen – wie sich später herausstellt, werden drei von ihnen als Erwachsene in einem Chor singen. Aber jetzt ist die Lucia erst elf, und die Jungfrauen sind noch ein paar Jahre jünger, der Sternjunge ist nicht älter als sieben und der kleine Wichtel erst vier.

Dann wird die Stimmung ein weniger alltäglicher und entspannter, die Lucia bringt uns den Kaffee ans Bett (etwas lau, aber immerhin), wir loben und danken überschwenglich, und bald liegen sie alle in unserem Bett und plappern, hochzufrieden mit ihrem Auftritt. Die feierliche Stimmung ist verflogen wie die Winternacht. Dies war ihre dritte und letzte Aufwartung an diesem frühen Morgen. Bald werden alle Beteiligten zur Arbeit, in die Schule oder in die Kita gehen, wo eine weitere Luciafeier in einer etwas offizielleren Form stattfinden wird.

Meine Schwester war es, die die kleinen Nichten und Neffen versammelt und sie mit großer Begeisterung unterstützt hat, zur Freude auch für meine beiden Brüder und ihre Familien, die ebenfalls in diesem Mietshaus wohnen und eine ähnliche Aufwartung bekommen haben. Ich bin ein bisschen erleichtert darüber, dass meine Gymnasiasten nicht gekommen sind, die manchmal für ihre Lehrerin singen, ehe sie zur Schule gehen – sie sind die ganze Nacht über wach geblieben, und oft umschwebt sie ein leichter Duft nach Alkohol. Es ist natürlich lustig, die Lehrerin im Nachthemd zu sehen – der Mann der Lehrerin ist davon jedoch nicht so begeistert. Nett, wenn sie vorbeikommen, zugleich aber etwas anstrengend.

Lucia wird am 13. Dezember gefeiert und leitet zusammen mit dem Advent in Schweden die Vorweihnachtszeit ein. Die Tradition der Feier hat schwedische Wurzeln, aber merkwürdigerweise ist es eine Heilige, Lucia, die Schutzheilige von Syrakus auf Sizilien, mit der dieses schwedische Fest verbunden ist. Hier in dem protestantischen Schweden haben wir ja keine Heiligen mehr.

Geht man in der Geschichte etwas zurück, in die alte Bauerngesellschaft, galt der 13. Dezember als eine gefährliche Nacht. In dem alten julianischen Kalender fiel Lucia auf denselben Tag wie die Wintersonnenwende, wenn es hier in Skandinavien am allerdunkelsten ist. Doch im 18. Jahrhundert wurde der gregorianische Kalender eingeführt, und da war die Lucianacht nicht mehr die längste, sondern die Nacht des 22. Dezember, wenn die Wintersonnenwende oder die Mittwinternacht eintritt. Im Volksglauben hält sich jedoch weiter die Auffassung, der 13. Dezember sei die dunkelste Zeit des Jahres. Man blieb während der Lucianacht am besten im Haus, gab den Tieren etwas zusätzliches Futter (sie konnten in dieser Nacht sprechen), und versuchte, den übernatürlichen Kräften zu entrinnen, die in dieser Nacht losgelassen waren. Die jungen Leute jedoch begaben sich oft in Gruppen hinaus, um ein wenig Schabernack zu treiben, Branntwein und anderes zu erbetteln, aber auch auf den Höfen zu singen. Vermutlich kann ein moderner Mensch sich nicht vorstellen, wie unheimlich dunkel es vor der Zeit der Elektrizität in Schweden auf dem Land war. Dass man da an gefährliche übernatürliche Wesen glaubte, ist nicht verwunderlich.

Mit dem Luciafest wollte man versuchen, die Mächte des Lichts zu beschwören, damit das Licht wiederkäme. Es mag auch sein, dass die schwedische Lichtgestalt ursprünglich mit einer heidnischen Lichtgöttin verbunden ist. Doch da befinden wir uns in einer vorchristlichen Zeit. Lucia kommt vom lateinischen lux, Licht, und der Name Lucia bedeutet auf Sizilien »die Helle«.

Einige der Nobelpreisträger, die nach der Verleihung am 10. Dezember noch ein paar Tage in Stockholm bleiben und in dem traditionsreichen Grand Hotel wohnen, haben erzählt, dass sie erst sehr erschrocken, bald aber entzückt waren und beinahe glaubten, im Himmel zu sein, als sie von einer lieblichen Frau in einem langen weißen Gewand mit Kerzen im Haar geweckt wurden, die mit ihrem Gefolge ins Zimmer schreitet und schönen Gesang und Kaffee bringt.

Fast an allen Arbeitsplätzen, in Schulen, Kindergärten und in Krankenhäusern und Seniorenheimen in ganz Schweden wird Lucia gefeiert – um die vorletzte Jahrhundertwende herum begann sich eine einheitliche Tradition herauszubilden. Heute feiert man sehr demokratisch, nicht nur die schönsten und blondesten Mädchen der Klasse bekommen die Chance, die Lucia zu sein – oft wird darüber abgestimmt. In der Kita darf jeder sein, was er will, da kann man also mehrere Lucias sehen, auch männliche, dazu Jungfrauen und Wichtel und die erst kürzlich geschaffene Pfefferkuchenfigur. Zu der Feier werden Mütter und Väter und alle Großeltern eingeladen, die dann mit feuchten Augen nach ihrem Liebling Ausschau halten und die Vorweihnachtsstimmung mit nach Hause nehmen.

In den Schulen ist es oft schwierig, die Jungen dazu zu bewegen, beim Luciazug mitzumachen. Sie finden, dass sie mit den tütenförmigen Sternjungenhüten lächerlich aussehen. Und wir wissen, wie empfindlich der männliche Stolz ist. Aber alle sind dankbar, wenn einige sich trauen – sie werden ja unbedingt als Sänger gebraucht. »Staffan war ein Pferdeknecht«, dieses alte Legendenlied, das zum Schatz der Lucialieder gehört, verlangt auch männliche Sänger:

Staffan war ein Pferdeknecht
wir danken jetzt so gern
Er tränkt seine fünf Fohlen
für den hellen Stern
Noch liegt alles im Dunkeln
die Sterne am Himmel funkeln …

Nachdem der Luciazug alle Verse dieses Lieds gesungen hat, schreitet er langsam davon. Zurück bleiben nur ein paar Stearinflecken auf dem Boden und ein bisschen Glitzerzeug. Jetzt hellt sich der Wintertag auf, und bald wird sich das Jahr wenden.

SCHWEDENS WÄLDER

Mit großer Wehmut – und aufgestauter Wut – erinnere ich mich an meinen schönen Säulensaal, einen Wald, in dem ich jetzt seit dreißig Jahren herumgestreift bin, der Stille gelauscht und Ruhe gefunden, aber auch kleine Abenteuer erlebt habe, die vor allem mit wilden Tieren, Überresten von früherem menschlichen Leben und Pilzfunden zusammenhängen. Um dorthin zu gelangen, fuhr ich auf geschlängelten und hügeligen Wegen, vorbei an kleinen roten Häuschen und landwirtschaftlichen Betrieben, und trabte dann erwartungsvoll, mit einem Korb und einem Pilzmesser versehen (aber ohne Kompass, ein bisschen Spannung muss sein), auf einem Pfad in den Wald hinein. Ich stieg zu einem Gewässer hinunter und kletterte anschließend wieder hinauf – diese Landschaft ist von tiefen Schluchten durchschnitten, oft mit einem Rinnsal am Boden. In der lehmigen Erde waren häufig Abdrücke von Hufen zu sehen, gelegentlich auch Spuren von einem mächtigen Elch, der in dem glitschigen Lehm ausgerutscht war. Majestätische Bäume, vor allem Fichten, aber auch Tannen und vereinzelte Laubbäume, umgaben mich – manchmal unterbrach plötzlich ein großer Waldvogel die Stille, wenn er auf mächtigen Flügeln direkt vor mir aufflatterte. Und mein Korb füllte sich rasch mit verschiedenen Sorten feiner Pilze, wobei die Pfifferlinge dominierten. Ich wusste genau, wo ich meine Pilze finden konnte.

Und jetzt ist dieser Wald verschwunden, er wird vermutlich nie wieder so aussehen wie während der ganzen zweiten Hälfte des 20. Jahrhunderts. Ein Sturm oder ein Krieg in Gestalt der jetzt in Schweden herrschenden Art, Bäume abzuholzen, nämlich durch die sogenannte Kahlschlagtechnik, hat das Gebiet verwüstet. Von dem plätschernden, klaren Rinnsal, an dem ich aus der hohlen Hand Wasser zu trinken pflegte, ist nur eine traurige kleine Pfütze geblieben. Man entzieht dem Boden viel Feuchtigkeit, wenn man abholzt, und stört damit das Gleichgewicht der Natur. Die Bäume sind an der Wurzel abgesägt, und zurück bleiben nur die Stümpfe, einige davon haben 70 Zentimeter Durchmesser. Graues Gestrüpp, wo noch kein Grün gesprossen ist, umgibt die kleinen Fichtenpflanzen, die man in geraden, dichten Reihen gepflanzt hat. Eine Bearbeitung des Bodens hat man offenbar trotzdem noch nicht vorgenommen – bearbeiteter Waldboden sieht aus, als wäre er gepflügt, und dieses Phänomen, hat man mir gesagt, ist so deutlich, dass es sogar von einem Satelliten aus zu erkennen ist. Das Holz ist schon abtransportiert, das sieht man an den tiefen Wunden, verursacht von den riesigen Waldmaschinen, die in dreißig Sekunden die Bäume abholzen, entasten und in den vorgesehenen Längen zuschneiden. Das alles, während der Waldarbeiter warm und sicher in seiner Kabine sitzt – und das soll ihm trotz allem gegönnt sein.

Der Kahlschlag umfasst sieben Hektar, ist also recht bescheiden. An seinem Rand liegen mehrere Bäume, deren große Wurzeln emporragen, sogenannte »rotvältor«. In Norrland gibt es Beispiele für zusammenhängende Kahlschläge, die so groß sind wie neunzig Fußballplätze. Ich würde gern wissen, was der Grundbesitzer daran verdient hat, als er einem Forstwirtschaftsunternehmen erlaubte, sich »meinen« Wald zu holen. So viel Zerstörung für einen vermutlich eher bescheidenen Gewinn! Früher fällte man die Bäume ja erst, wenn sie reif waren, auf Schwedisch nennt man das »blädning«. Oft war es der Waldbesitzer selbst, der diese Arbeit während des Winters verrichtete, nicht selten mit der Hilfe eines Pferdes, das im Gegensatz zur Waldmaschine dem Boden nicht schadet. Jetzt holt man alles auf einmal, mit Stumpf und Stiel. Ein in dieser Landschaft gepflanzter Baum gilt im Alter von etwa siebzig Jahren als reif zur Abholzung. Nach einem Kahlschlag pflanzt man Fichten oder Tannen. Dicht an dicht. Die Bäume werden dann genau gleich groß, aber das ökologische Gleichgewicht, das gerade in diesem Wald herrschte, ist total zerstört.

Aber es gibt doch so viel Wald in Schweden – kann ich nicht einfach für meine Pilz- und Beerentouren einen anderen Wald wählen? Einen, der noch keinen Kahlschlag erlebt hat? Schließlich ist die Hälfte Schwedens mit Wald bedeckt! Wir haben noch nie so viel Wald gehabt wie jetzt, heißt es von Seiten der Waldwirtschaft. Ja, aber was für einen Wald?, fragen die Forscher ebenso wie der Waldwanderer. Denn wir haben noch nie einen so artenarmen Wald gehabt wie jetzt. Der schwedische Wald ist im Begriff, nein, er ist bereits ein Industriewald geworden, ein Produktionswald, dazu bestimmt, abgeholzt und in Sägewerken verarbeitet zu werden. Statt eines natürlichen Waldes mit Bäumen verschiedener Arten in verschiedenen Altersstufen haben wir jetzt vorwiegend reine Fichtenplantagen, in denen alle Bäume gleich groß sind. Und dieser Wandel vollzieht sich mit rasender Geschwindigkeit. Riesige Sägewerke werden angelegt, eins nach dem anderen. Der Wald ist nämlich für die schwedische

Wirtschaft von größter Bedeutung. Schweden exportiert für gut 120 Milliarden Kronen pro Jahr – über die Hälfte des Exports kommt vom Wald. Jetzt wird die schwedische Kahlschlagtechnik sogar nach Russland exportiert.

Den Wald vor dem Abholzen sich selbst aussäen zu lassen, ist, wie ich und viele andere meinen, immerhin etwas besser als der brutale Kahlschlag mit nachfolgender Pflanzung, die zu reinen Monokulturen führt. Sät der Wald sich selber aus, wird auch der eine oder andere Laubbaum einen Lebensraum bekommen. Die schwedische Behörde, die für den Wald zuständig ist, Skogsstyrelsen, hat übrigens kürzlich Alarm geschlagen: Der neugepflanzte Wald wird keineswegs in dem Maß gelichtet, wie es der Waldbesitzer versprochen hat, als er die Genehmigung zum Abholzen bekam. Und das merkt der Waldwanderer, denn in einen solchen Wald kann er unmöglich mehr eindringen.

Das Schlimmste aber ist, dass wir uns in rasendem Tempo auch unseres sogenannten Altwalds entledigen. Wald, der geschützt werden sollte, sowohl als unübertrefflicher Erholungsort für uns Menschen, vor allem aber, um die biologische Vielfalt zu erhalten. Das Paradoxe ist, dass wir uns darüber empören, was man im Amazonasgebiet dem Regenwald antut, und mit vollem Recht dagegen protestieren, während wir zugleich hemmungslos unsere eigenen Wälder abholzen, sogar die ursprünglichen Wälder, das heißt die, in denen es noch keinen Kahlschlag gegeben hat. Schweden hat prozentual tatsächlich mehr Urwald abgeholzt als Brasilien! Wie ich sehe, schlägt der WWF (World Wide Fund for Nature) vor, dass wir als Weihnachtsgeschenk 2011 eine »Adoption« für ein exotisches Tier verschenken, z.B. einen Tiger oder einen Gorilla, um den Wald zu erhalten, den diese Tiere als Lebensumfeld brauchen. Es wäre gut, wenn man auch in Schweden daran dächte, einen Weißrückenspecht oder ein anderes Tier zu adoptieren, dessen Anzahl stark dezimiert worden ist, weil wir so viel Wald abgeholzt haben.

Schweden hat 1992 die Rio-Erklärung der Vereinten Nationen unterzeichnet, in der auch viele andere Länder beschlossen haben, sich um die Erhaltung der biologischen Vielfalt zu bemühen. Wir haben uns verpflichtet, etwa siebzehn Prozent unseres Waldes unverändert zu erhalten. Nach dem schwedischen Modell soll man besonders die alten Bäume schonen, ebenso die Waldstücke um die Gewässer und im Wald die älteren Werke von Menschenhand, wie Meilerböden und Steinmauern. Pfade dürfen wieder begehbar gemacht werden. Der Wald ist nicht nur Natur, sondern auch Kultur. Das Ziel von siebzehn Prozent kann allerdings unmöglich bis 2020 erreicht werden, wie es beabsichtigt war. Diejenigen, die den Wald in Schweden schützen wollen, sind der Ansicht, dass Forstunternehmen und viele private Waldbesitzer sich zu viele Freiheiten herausgenommen, aber ihre Verantwortung vergessen haben. Ein anderes Paradox ist, dass, wer als einzelner Waldwanderer ein paar geschützte Pflanzen pflückt, eine seltene Orchidee oder nur ein paar Leberblümchen, angezeigt werden kann, während ein Waldbesitzer Boden mit beliebig vielen geschützten Pflanzen zerstören kann, ohne eine Geldstrafe zu bekommen.

Es *gibt* vom Staat geschützten Wald in Schweden, sogenannte Naturreservate, die einen gewissen Schutz genießen. Aber nicht einmal ein Prozent des schwedischen Waldes ist auf diese Weise geschützt. Wir haben 22,7 Millionen Hektar produktiven Waldbodens, aber nur 727000 Hektar stehen unter staatlichem Schutz, 1,2 Millionen werden freiwillig von privaten Eigentümern geschützt. Vorerst. Im Vergleich mit dem Ausland, wo der Staat den größten Teil des Waldes besitzt, ist es in Schweden umgekehrt. Hier sind es Forstunternehmen, auch multinationale, und Einzelpersonen, die den größten Teil besitzen. Besonders problematisch dabei ist, dass die gegenwärtige Regierung die Mittel, die dazu verwendet werden sollten, schützenswerten Wald zu kaufen, um 150 Millionen *gekürzt* hat.

Jedesmal, wenn ein Forstunternehmen »versehentlich« schützenswerten Wald oder ein Gebiet rings um ein Privathaus abholzt, was dann große Schlagzeilen in den Zeitungen bringt, sagt man hoppla, das war ein Fehler, aber nichts geschieht. Niemand, wirklich niemand, ist bisher wegen eines Vergehens gegen Paragraph 30 verurteilt worden. Dieser Paragraph ist völlig zahnlos, was sogar die Beamten in der Forstwirtschaftsbehörde zugeben.

Sehr verlogen ist es, wie das sogenannte FSC-System (Forest Stewardship Council), das Kennzeichnungssystem der Forstunternehmen, in Schweden angewendet wird. Dieses System ist international, »freiwillig und global«. Alle großen schwedischen Forstunternehmen schmücken sich damit, dass sie umweltfreundlich sind, ihr FSC-Logo findet sich auf Produkten wie Windeln, Servietten und sogar Ikea-Möbeln. Vieles davon wird ins Ausland exportiert. Aber zahlreiche Berichte, zum Beispiel vom Naturschutzverein und Greenpeace, zeigen, dass die FSC-zertifizierten schwedischen Unternehmen die Revisoren selbst bestimmen, die sie überprüfen sollen. Mehrfach wurden Schlüsselbiotope (besonders schützenswerte Gebiete) abgeholzt, aber kein schwedisches Unternehmen hat – bisher – sein Zertifikat verloren. Man hat einen Tadel bekommen, Buße und Besserung gelobt – und dann weitergemacht.

Im Jahr 2011 wurde die schwedische Waldwirtschaft von einem Skandal erschüttert. Das Forstwirtschaftsamt in Dalarna hatte die Absicht, einen Bericht in den Medien und also in der Öffentlichkeit zu lancieren, der statistisch belegte, dass fast die Hälfte der Abholzungen, die in dieser Provinz vorgenommen worden waren, nicht die geltenden Vorschriften für den Umweltschutz erfüllte. Beispielsweise hatte man Tannen von 250 Jahren gefällt – solche Bäume genießen selbstverständlich Schutz. Aber nach dem Anruf eines hochrangigen Forstwirtschaftsdirektors wurde der Bericht gestoppt …

Es ist seltsam, dass es in Schweden kaum Behörden gibt, die den Wald schützen, sondern vor allem kundige Privatmenschen, beispielsweise Mitglieder der Gruppe *Schützt den Wald* oder den Naturschutzverein, die an die Öffentlichkeit gehen und versuchen, unberührte Wälder oder Gebiete zu verteidigen. Oder eine Pressekampagne lancieren. Eine Möglichkeit, den Raubbau zu verhindern, ergibt sich, wenn Arten, die auf der sogenannten Roten Liste stehen, in dem Wald gefunden werden, Arten, die in Gefahr sind, völlig zu verschwinden, wenn sie ihr ökologisches Umfeld verlieren. Solche Listen erstellt das Naturschutzamt zusammen mit der Landwirtschaftsuniversität in Uppsala, und es schlägt auch Maßnahmenprogramme und Verwaltungspläne für bedrohte Milieus und Biotope vor. So ist viel schützenswerter Wald gerettet worden, indem man einen kleinen Pilz, ein Insekt oder ein Moos entdeckt hat, die auch in der Zukunft ein Lebensrecht haben!

Heute gibt es in Schweden kaum noch den Siebenmeilenwald der Märchen, nicht einmal Einmeilenwälder. Sogar in sogenannten fjällnahen Wäldern wird abgeholzt, wo die Bäume *sehr* lange brauchen, um groß zu werden. Ungefähr alle dreihundert Meter zieht sich ein Forstweg für den Holztransport durch den schwedischen Wald. Elchjäger in Dalarna, der vielen Ausländern zufolge schwedischsten Landschaft, haben darüber geklagt, dass sie von ihnen im Jagdgesetz zugeteilten zehn Elchen nur vier abschießen konnten – es gab ganz einfach zu wenig Wald und zu viele Kahlschläge! Elche, die vielleicht klüger sind, als wir Menschen glauben, begeben sich in Elchjagdzeiten kaum auf einen Kahlschlag hinaus, sondern ziehen es vor, sich im Wald zu verstecken.

Und zahlreich sind die Pilzsammler, die das Sammeln ganz einfach aufgegeben haben – sie sind traurig, weil »ihre« Wälder abgeholzt worden sind oder sie nur einen allzu dichten Jungwald vorfinden, wo sie früher ihre sicheren und geheimen Plätze hatten. Sie ziehen es vor, ihre Pfifferlinge auf dem Markt zu kaufen.

Wo soll also die Hexe im Pfefferkuchenhaus, die sich im tiefsten Wald aufhält, in Zukunft wohnen? Und was wird aus den Bergtrollen? Sie werden natürlich von dem monotonen Lärm der Waldmaschinen gestört, finden aber keinen anderen Ort, an dem sie sich verstecken können. Wollen wir wirklich einen Wald, in dem Magie, Schönheit und Kultur durch mit militärischer Präzision gepflanzte Fichten ersetzt worden sind?

ELCHE

Schweden ist reich an Elchen. In Överkalix, Korpilombolo, Boden und Råneå, die weit im Norden liegen, handelt es sich genauer gesagt um 17000 Tiere. Für eine Bestandsaufnahme werden sie vom Flugzeug aus gezählt. Und das macht sechzehn Elche pro tausend Hektar. Den Forstunternehmen passt es nicht, dass es so viele Elche gibt, denn sie fressen die frisch gepflanzten Kiefernschösslinge, ihre Lieblingsmahlzeit im Winter. Die gesamte Elchpopulation beträgt im Sommer ungefähr 300000 Tiere – aber jedes Jahr werden während der Elchjagd im Herbst 100000 Tiere erschossen. Die Anzahl der Jäger beträgt 300000, und ungefähr fünf Prozent davon sind Frauen. Ihr Anteil scheint zu steigen.

Die Elchjagd in Schweden ist nahezu heilig – es ist natürlich vor allem eine Volksbelustigung, aber jedes Jahr nimmt auch der König an der Elchjagd in Hunne- und Halleberg teil und lässt sich gern zusammen mit seiner erlegten Beute fotografieren. Dass die Anzahl der Krankschreibungen zu Zeiten der Elchjagd merklich stieg, war jedenfalls früher eine bekannte Tatsache.

In Schweden gibt es viel Schnee. Im Jahr 2011 lag er wie eine dicke Decke über dem ganzen Land – es war ein richtiger Wolfswinter, in dem die Temperatur in Mittelschweden im Januar und Februar nur ein einziges Mal über den Nullstrich kroch. Einige Menschen haben sogar starke Zweifel, ob es überhaupt eine globale Erderwärmung gibt, wenn sie während vieler Nächte hintereinander erlebt haben, dass die Temperatur draußen auf 30, ja sogar bis zu 40 Minusgrade sank. Wenn der Schnee in den Wäldern und auf den Feldern fünfzig Zentimeter hoch oder höher liegt, zieht es die Elche auf die Straßen hinaus, wo sie sich leichter bewegen können.

Anfang Februar waren meine Tochter und ich mit dem Auto von Stockholm nach Bohuslän unterwegs – die Fahrbahnen auf den großen Hauptstraßen waren trocken, die Sonne schien über weiße Weiten, die Tannen sahen aus, als trügen sie weiße Ballkleider –, ein wunderbares Winterland breitete sich um uns her aus. In Dalsland, ungefähr 25 Minuten von unserem Reiseziel entfernt, sehe ich aus dem Augenwinkel, dass sich etwas Mächtiges rechts von uns auftürmt. Es ist ein großer Elch, würdevoll und majestätisch, der sich umsieht, entscheidet, dass unser Auto kein Hindernis bildet, über den Stacheldrahtzaun steigt, der die Weide umgibt, und gravitätisch auf sehr langen Beinen direkt vor dem Auto vorbeistakst, quer über die Straße und auf der anderen Seite in den Wald hinein. Es gelingt mir zu bremsen und ich sehe flüchtig, dass ein entgegenkommender Autofahrer es ebenfalls um Haaresbreite schafft, nicht mit dem Tier zusammenzustoßen. Wir fahren weiter, benommen von dieser Begegnung, und ich erkläre meiner Tochter, dass sie, wenn sie erkennt, dass ein Zusammenstoß mit dem Elch unausweichlich ist, auf das Hinterteil des Tieres zusteuern soll, um zu vermeiden, dass die langen Beine des Tieres die Windschutzscheibe durchschlagen, was vermutlich zum Tod des Fahrers führen würde.

Erleichtert und ein bisschen stolz darauf, dass wir gelassen geblieben und nicht in hysterische Schreie ausgebrochen sind, setzen wir unsere Reise fort. Die Begegnung mit dem Elch, diesem Urzeittier, erschien uns geradezu unwirklich, zugleich feierlich, und wir wunderten uns noch einmal darüber, dass ein ausgewachsener Elch so riesig ist – er kann bis zum Bug zwei Meter dreißig messen, und ein Elchbulle kann bis zu 700 Kilo wiegen. Als ich mich etwas später der Kuppe eines Hügels nähere, habe ich Gegenlicht, kann kaum etwas sehen und schaffe es nicht einmal zu reagieren, als zwei Elche dicht vor dem Kühler vorbeigleiten. Wir bekommen gerade noch mit, dass ein weiterer wartend am Waldrand steht. Auch diesmal kommen wir mit dem Schrecken davon und finden jetzt, dass unsere Elchquote für heute reichlich erfüllt ist … Wir fahren langsam weiter, auf der Ausschau nach neuen Elchen, aber eine dritte Begegnung gibt es an diesem Tag nicht.

Pro Jahr passieren in Schweden mindestens 5000 Unfälle mit Elchen – für diesmal ist es uns gelungen, nicht in dieser Statistik aufzutauchen.

Elche sind farbenblind – man fragt sich, wie es möglich ist, das festzustellen –, und sie haben keinen besonderen Respekt vor Autos, wohl aber vor Menschen, deren Geruch sie verabscheuen. In meinen Pilzwäldern bin ich viele Male Elchen begegnet, ja, auch Rehen, und ein einziges Mal einem Luchs, außerdem natürlich Füchsen und Dachsen, aber leider nie einem Wolf. Meistens sieht man nur den Schatten eines Elchs vorübergleiten, aber einmal habe ich einem Elch auch von nahem in die Augen gesehen, und nach einer stillschweigenden Übereinkunft haben wir einander in Frieden gelassen. Eine Begegnung mit einem Elch in seinem Gebiet hat etwas Feierliches, und der Gang des Elchs ist ein Abbild der Landschaft selbst. Seine sanften Bewegungen sind den

Grasbüscheln der Moore und den labyrinthischen Pfaden zwischen den Felsen angepasst. Ein Elch trabt nicht, er fließt durch die Landschaft.

Es heißt, die Deutschen seien besonders fasziniert von unseren schwedischen Elchen, angeblich nehmen sie sogar die Schilder mit, die das Verkehrsamt an den Straßen aufstellt, um vor Elchwechseln zu warnen (der Elch folgt in der Morgendämmerung oder in der Abenddämmerung oft demselben Weg, um zu einer bestimmten Tränke zu gelangen). Aus dem Schild kann man dann einen kleinen Tisch machen oder es an die Wand hängen. Angeblich geschieht das oft und ist nicht nur eine schwedische Wanderlegende. Ein anderer, weit verbreiteter Mythos ist, dass unser »Heldenkönig«, Karl II., Urban Hjärne und andere seiner Berater damit beauftragt habe, Elche zu zähmen, um sie als Kavalleriepferde zu nutzen. Dies erwies sich jedoch nicht als praktikabel …

Es gibt verschiedene Elchparks in Schweden, wo die Tiere gehalten werden, um sie den Touristen zu zeigen. So steht auf einem Schild in unserer Nähe *Elchcafé* – eine möglicherweise irreführende Bezeichnung.

Lappland zu entdecken kann für einen Südschweden ein überwältigendes Erlebnis sein. Ist das wirklich dasselbe Land, das man zu kennen glaubte, weil man in Surte, Dingle, Nockeby, Västerfärnebo und Lund gewesen ist? Soll so ein Fluss aussehen – wie der Lule älv oder Vindelälven, und nicht wie der Kolbäcksån, Lagan, Nissan, Ätran und Viskan?

Durch Lappland zu reisen heißt für den südschwedischen Provinzler, alle seine Maßstäbe zu verändern; die Welt weitet sich, wird menschenleer und verwandelt sich in ein mächtiges *Largo*.

Die Flüsse und Ströme Südschwedens wirken im Vergleich mit Luleälven, Vindelälven und Torne älv wie stille Bäche, es sind Flüsse breit wie Seen, mit denen man einst tote Wälder und jetzt für Megawatt transportiert hat, die eine ganze Großstadt beleuchten können. Bäume und Wasserkraft sind neben dem nie versiegenden Eisenerz die großen Exportprodukte aus diesem Norrland, das kritische Stimmen manchmal als kolonial ausgebeutet beschreiben.

Hier ist alles eine Nummer zu groß. Ein Moor kann sich, im Großen und Ganzen von Menschen unberührt, über etwa dreizehn Meilen erstrecken, ungefähr die Strecke Berlin–Hannover; verkrüppelte Birken stehen weit voneinander entfernt, plötzlich ein Schimmer von Wasser, merkwürdige Erhebungen wie Termitenhaufen, und alles Meile für Meile eingehüllt in den Apothekenduft der Moorgewächse.

Aber am allermerkwürdigsten sind die Seen. Mächtig wie Binnenmeere liegen sie schweigend da draußen im Sommerlicht und heißen Storuman oder Stora Lulevatten. Beide haben eine Fläche von mehr als 160 Quadratkilometer. (Die mächtigen Weiten des Åmänningen im nördlichen Västmanland belaufen sich dagegen nur auf armselige 29 Quadratkilometer.) Beim ersten Anblick können diese lappländischen Gewässer aussehen wie die großen Sommerseen, an die man sich gewöhnt hat: der Mälarsee, der Vättern, der Siljan. Bis man plötzlich mit einem schwindelerregenden Gefühl den Unterschied bemerkt.

Da draußen gibt es keine Boote. Kein Boot, so weit das Auge reicht. Keine Jachthafen, keine weißen Segel, keine Motorboote, die Schwallwellen hinter sich herziehen. Zum ersten Mal in meinem Leben sehe ich große Seen, denen es im Sommer an Booten fehlt.

Und ich erkenne, dass Seen *eigentlich* so aussehen. Die Boote sind ja im Grunde eine Art Graffiti auf sauberen Flächen, nicht?

EUROPAS STILLER DACHBODEN

Zu Europas stillem Dachboden – der innersten und obersten Ecke von Norrland – fährt man natürlich am besten mit der Inlandbahn. Es grenzt an ein Wunder, dass diese Bahn entstanden ist und dass sie noch existiert – sie hat bisher alle Androhungen der Stilllegung überlebt. Es ist die letzte der stolzen Eisenbahnanlagen, die durch Schweden führten, und die Verwirklichung dieses Projekts, das dazu dienen sollte, die Einöde zu kolonisieren, hat übermenschliche Anforderungen an alle gestellt, die an dem Bau beteiligt waren.

Aber es ist nicht um ihretwillen so wichtig, diese Bahn zu erhalten und weiter zu entwickeln, auch wenn es tatsächlich so scheint, als sei ein Grund für die Erhaltung der Bahn die reine Ehrfurcht vor dieser unbegreiflich schweren Arbeit, die zu ihrer Errichtung vonnöten war. Nein, die Bahn ist und sollte auch in Zukunft ein wichtiges Transportmittel für Menschen und Güter zwischen dem südlichen und mittleren Schweden und Norrlands ausgedehntem Inland bleiben.

Die Inlandbahn, 1937 vollendet, in der Auflage von Nordisk Familjebok 1905 noch als ein Projekt erwähnt, das nach einer Anzahl von parlamentarischen Untersuchungen erst einmal vertagt wurde, erstreckt sich eigentlich von Kristinehamn bei dem großen See Vänern in Südschweden bis hinauf nach Gällivare, das weit oben im arktischen Lappland liegt, oberhalb des Polarkreises. Aber die Strecke Kristinehamn –

Mora ist stillgelegt, so dass es – derzeit – nicht wie früher möglich ist, in Kristinehamn einzusteigen und die 1300 Kilometer nach Gällivare zu fahren. Aber es ist ganz einfach, in Mora einzusteigen, das dort liegt, wo der Dalälven in den Siljan mündet, und von dort aus zu einem richtigen Abenteuer aufzubrechen. Man sollte vier, fünf Tage für diese Reise berechnen und im Voraus entscheiden, wo an der Bahnlinie man eine Pause für Übernachtung einlegen will, um dann wieder weiterzufahren.

Das Inland von Norrland entvölkert sich allmählich, die Menschen ziehen zur Küste oder nach Süden. Es stimmt einen melancholisch, diese Entwicklung des Landes zu sehen, denn es ist unendlich schön und könnte viel mehr Einwohner beherbergen. Die Infrastruktur ist ja dort noch intakt, während in großen Teilen des übrigen Europa Gedränge herrscht. Die Stationen entlang der Bahn, individuell gestaltet, passen sich dieser Landschaft perfekt an. Man kann sie in Rolf Karbelius' Buch über die Inlandbahn, *Märchen und Wirklichkeit*, betrachten, mit seinen liebevollen, minutiös gezeichneten Abbildungen und den persönlich gehaltenen Kommentaren über Häuser, Landschaft, Geschichte und Menschen! Die exotischen Namen der Stationen, einige lappländischen Ursprungs, wie Vojmån, Tjappsåive, Varjiträsk und Kåbdalis, setzen die Phantasie in Gang. Blattnicksele – klingt das nicht nach einer verirrten Seele?

In Fågelsjö, einem Verkehrsknotenpunkt, der lange vor der Fertigstellung der Inlandbahn angelegt wurde, hält der Zug, und eine Frau steigt aus. Ein Mann erwartet sie vor dem Bahnhofsgebäude. Er rollt eine Zigarette, während die Frau über die Gleise stakst, und sie treffen sich, fallen sich in die Arme, bleiben eine Weile regungslos stehen. Der Zug setzt sich langsam wieder in Bewegung. Der romantische Eindruck dieser kurzen Filmsequenz wird nur ein bisschen gestört, als die Frau dem Mann eine schwere Plastiktüte mit der Aufschrift *Lidl* übergibt.

Was für Leute waren es, die sich für diese Bahn abgerackert haben, die durch ein Land mit großen Seen und mächtigen Flüssen führt, durch schöne Wälder, reich an Wild, Beeren und Pilzen, mit vereinzelten, noch heute genutzten landwirtschaftlichen Betrieben, meilenweiten Mooren oder großen Felsbrocken, die aussehen wie von der Hand eines Riesen ausgestreut, eine Natur, in der man kaum herumschlendern kann? Diejenigen, die einst diese harte Arbeit verrichteten, die Schienenleger, wurden im Volk »rallare« genannt. Um diese Berufsgruppe herum ranken sich zahlreiche Geschichten, sowohl in mündlicher wie in schriftlicher Tradition. Ich möchte den Maler Rolf Karbelius mit einem Kommentar zu dem besagten Fågelsjö zitieren: »Die Bahnarbeiter bewegten sich durch die unwegsame Wildnis, brachen auf und hebelten, hackten, schlugen und sprengten. Sie trugen die Schienen herbei, legten sie zurecht und nagelten sie fest, schotterten den Bahndamm und zogen weiter; ihre Lieder verklangen, um in neuen Gemeinden neu angestimmt zu werden, über Moore und Sümpfe, durch Täler und über Flüsse. Hinter sich ließen die Rallare einen Weg für die Ankunft der neuen Zivilisation, ordentlich gebaute Bahnhöfe, Haltestellen und wiedergeborene Gemeinden. Auch ganz neue Orte wuchsen heran. Perlen wurden auf ein stählernes Band gefädelt, welches das Land zusammenfügte und neue Gemeinschaften zwischen verschiedenen Landesteilen schuf. Das frische Luft hereinließ und die Welt öffnete.«

Eine eisenbahnhistorische Fotografie zeigt eine Gruppe

von Schienenlegern mit ihren Schlapphüten, die ein acht Meter langes Stück Eisenbahnschiene auf einem Weg tragen, der nur aus einer schmalen Planke besteht, einem Steg. Der kleinste Fehltritt wäre verheerend gewesen, der Sog des Moors ist bodenlos. Man kann sich die Strapazen dieser Männer kaum vorstellen; in regennassen Kleidern rackerten sie sich im ersten Schneefall des Oktobers ab oder schwitzten in den Mückenwolken des Juni. Sie wohnten in Baracken, immer mit einer Köchin, die für die Verpflegung sorgte, und deren Schlafplatz vornehm durch einen Vorhang abgetrennt war. Die Köchinnen waren geschickt und stolz auf ihren Beruf, in einer Zeit, in der berufstätige Frauen keine Selbstverständlichkeit waren, und sie wurden von den Schienenlegern hoch geschätzt. Die bloße Anwesenheit dieser Frauen in diesem ausgeprägt männlichen Milieu dürfte die ungehobelten Männer dazu gebracht haben, sich etwas gesitteter zu benehmen.

Plötzlich geht ein kleiner Ruck durch den Zug, der abbremst, haltmacht und zurücksetzt. Neben den Schienen liegt jetzt ein toter Elch. Der Lokführer scheint den Unfall nicht allzu ernst zu nehmen, ruft nur einen Repräsentanten des Jagdgesetzes an, das in diesem Gebiet herrscht, und fährt weiter. Einem der vielen Rentiere, die auf den Schienen entlanglaufen, droht an diesem Tag dasselbe Schicksal. Auf dieser Reise gibt es Landschaften, die das menschliche Vorstellungsvermögen übersteigen. Ein Streckenabschnitt erstreckt sich über 160 Kilometer von Mooren, im Sommer fast unbetretbar, würzig duftende Sümpfe bis zum Horizont, wo der höchste Berg, Kebnekaise, sich als schwacher, dunkelblauer Schatten abzeichnet. Diese Moorlandschaft mit ihren plötzlich auffliegenden Schwärmen von Goldammern, ihren hier und da offenen Gewässern, ihren vereinzelten zähen Birken hat eine unvergleichliche Atmosphäre von Melancholie und Unschuld. Dies ist das Land der Nåjden, der Schamanen. Und in früheren Zeiten war der Entschluss, ins Moor zu gehen, wie die Anthropologen berichten, eine nicht unübliche Todesart für alternde Samen, die fühlten, dass sie nicht mehr an den erheblichen Strapazen der Frühjahr- und Herbstzüge, der Rentierzüge, teilnehmen konnten. Nach dem alten samischen Glauben war der freiwillige Tod eine der akzeptierten Möglichkeiten des Lebens, nicht wie im christlichen Glauben etwas Verbotenes, eine Form von »Mord«. Ob man auch heute noch an einem Julitag diese Verlockung spüren kann? Immer weiter in die außermenschliche Stille des endlosen Moors hinauszugehen und sich langsam in das sonnenwarme braune Moorwasser sinken zu lassen …

Über dies und vieles andere, über die Wanderung des Rings zwischen den Symbolen auf der Trommel, wenn sie angeschlagen wird, über Angelmethoden und Wohnstätten, über die Steuereintreiber Karls IX., die sogenannten »birkarlar«, über Silberschmiede und Baukunst, über Boote und Rentierschlitten, können wir viel in dem samischen Museum in Jokkmokk lernen, einem der reichsten und am besten organisierten ethnographischen Museen Nordeuropas.

In dieser Gegend treten die Samen oft nicht mehr umgeben von gewaltigen, im Winter dampfenden Rentierherden auf, obwohl die örtlichen Gymnasien Renpflegerkurse für diese Cowboys des Nordens anbieten, heutzutage mit zuverlässigen Kurzwellentelefonen und schnellen Schneescootern ausgerüstet. Die Wahrheit ist, dass man die nomadische Lebensweise mehr und mehr aufgegeben hat. Der Taxifahrer, der dich zum Flugplatz fährt, und die Zahnarzthelferin, die dich hereinbittet, sind jedoch vielleicht samischen Ursprungs. Vieles spricht dafür, dass dieses bemerkenswerte Volk, die Ureinwohner des Landes, in schändlichem Ausmaß von der Mischung aus Nachlässigkeit und Bevormundung der schwedischen Zentralmacht betroffen, tatsächlich auf dem Weg in eine neue Zeit ist, mit neuem Selbstvertrauen und einem historischen Bewusstsein. Davon legt das bemerkenswerte Museum in Jokkmokk Zeugnis ab.

Über die Zukunft des samischen Volkes gibt es unterschiedliche Meinungen. Sicher wird die Rentierzucht Bestand haben, wenn auch in modernen Formen. Der ewige juristische Krieg mit dem schwedischen Staat über die Weiderechte hat dank der ernüchternden Wirkung der Europäischen Union den traditionellen schwedischen Staatszentralismus, ein allzu lebendiges Relikt der lutherischen Reformation und der Tage Gustav Vasas, etwas zurückgedrängt.

Seit einigen Jahren sendet das schwedische Fernsehen ein tägliches Nachrichtenprogramm auf Samisch. Wir müssen zugeben, dass wir dieses Programm selten versäumen. Zum einen entzückt uns das Erlebnis einer magisch fremden Sprache, in der wir nur die Wörter erkennen können, die mit geographischen Realitäten verknüpft sind: *sel* (ruhiges Wasser), *luokta* (Bucht), *jaure* (See). Zum anderen ist es interessant, die Wetterkarte aus einer ganz neuen Perspektive zu sehen. Die norwegischen, schwedischen, finnischen und russischen Lappengebiete bilden eine Einheit, in der die Schneestürme vorbeifegen; die südliche Grenze dieser arktischen Wetterkarte verläuft irgendwo bei Östersund.

Sieht man diese Nachrichtenprogramme, die ebenso gut aus einem anderen Land stammen könnten, einer Republik der großen Flüsse und weiten, leeren Seen, kann man leicht ins Grübeln geraten. Dass das Volk der Samen Bestand haben wird, steht außer Zweifel. Es war vor uns hier, und es wird wohl auch nach uns hier sein. Aber die Samenkultur, diese faszinierende vieltausendjährige Überlebenskultur, mit ihren Torfbauten, ihren Angelgeräten, ihren Weissagungtechniken – die Trommel mit ihrem stark verkürzten Bild der bekannten und beherrschbaren Welt –, ihren Ornamenten und Schmuckstücken, ihren Booten, die sich in den Zeiten der Frühjahrszüge mit jungen Birken als Segel bewegen – soll es all das künftig nur noch im Museum geben?

Der bunte Samenmarkt in Jokkmokk und der glückliche, wirbelnde Tanz, mit dem er gefeiert wird, die Gedichte der samischen Poeten sind interessante Zeichen für eine Bewegung in die umgekehrte Richtung.

Bei Moskosel macht der Zug einen Halt, und den Passagieren wird *Palt* serviert, ein urschwedisches Gericht. Es besteht aus roh gemahlenen oder geriebenen Kartoffeln, die mit Mehl und Salz zu einem Teig vermischt werden, aus welchem man dann mit Speck gefüllte Klöße formt. Die Klöße werden in gesalzenem Wasser gekocht und schmecken *wirklich* gut! Sie werden mit Preiselbeerkompott und geschmolzener Butter serviert, und dazu trinkt man natürlich Preiselbeersaft. In einem bescheidenen Ausmaß können wenigstens ein paar Unternehmer von dem Tourismus leben, den die Bahn mit sich bringt. Ein Paar, ursprünglich aus Dänemark, hat die relative Sicherheit seiner Heimat verlassen und betreibt ein Restaurant und einen Laden an einer dieser Stationen, die außerdem glücklicherweise direkt an der Landstraße liegt. Ein Same verkauft gleich neben dem Polarkreis, wo etliche Passagiere sich unbedingt fotografieren lassen wollen, Rentierfelle (viel billiger als in den Souvenirläden), Rentierwurst, Moltebeerenkompott und Samenkunst.

In Gällivare, über 1300 Kilometer von Stockholm entfernt, also weiter als Berlin, endet schließlich die Reise. Man steigt an dem mächtigen braunen Bahnhofsgebäude aus und sieht die schwerbeladenen Wagen der Erzbahn, die zwischen Luleå und Narvik in Norwegen verkehren, mit ihrer tonnenschweren Ladung vorbeidonnern, mindestens einmal pro Stunde. Das ist die Pulsader des Landes, die in Japans Stahlwerken und in Chinas Autoindustrien endet. In Gällivare und Kiruna gibt es ja die wirklich ertragreichen großen Erzgruben, die größte Kupfergrube Europas und Aitik, Schwedens größte Goldgrube. Einige davon wurden oder werden noch im Tagebau betrieben. Die großen trichterförmigen Krater, die wir auf dem Heimweg vom Flugzeug aus erkennen, haben dieselbe Architektur wie Dantes Inferno, konzentrische Terrassen. Die Lastwagen, von einem größeren und erschreckenderen Ausmaß als auf den Landstraßen, dürfen hier angeblich nur von weiblichen Fahrern gesteuert werden. Aus demselben Grund, kann man vermuten, aus dem die Herdtechnikerinnen in den Kernkraftwerken Schwedens, rundliche und harmonische Diplomingenieurinnen, gelegentlich mit einem Strickzeug auf dem Schoß, Frauen sind. Frauen gelten als weniger geneigt, sich von oberflächlichen Impulsen leiten zu lassen. Ein Erzlaster, der ins Rutschen gerät, wäre eine unerhörte Katastrophe; er würde von Terrasse zu Terrasse bis hinunter in das enge Zentrum fallen, wo in Dantes Parallelwelt der Satan persönlich die auserwählten Sünder verspeist.

Wenn die großen arktischen Gruben vom Tagebau zum

Stollenbau übergehen, beginnen die wirklichen Probleme. So ist etwa die Stadt Kiruna, mit Schulen, Kirchen und Reihenhausvierteln, im Begriff, von ihrer Grube buchstäblich aufgefressen zu werden, und muss innerhalb der nächsten Jahre auf einen sichereren Grund umgesetzt werden. Dass dieses Projekt nicht nur als möglich gilt, sondern auch verwirklicht werden soll, sagt etwas über die enormen ökonomischen Ressourcen aus, die eine solche Erzgrube mobilisieren kann.

Traurig ist, dass der kleine Ort aus Holzhäusern in Malmberget, der mit seiner schmalen Straße und seinen bemerkenswerten Kaufläden einem Klondyke aus den ersten Jahren des 20. Jahrhunderts gleicht, ebenfalls verschwinden wird. Die Mietshäuser an der am nächsten gelegenen Bushaltestelle stehen schon leer, die Schaufenster sind mit Sperrholzplatten zugenagelt. Ein Wegweiser zur Unterwelt, könnte man mit dem Titel einer Gedichtsammlung von Gunnar Ekelöf sagen.

Falls es zufällig Freitagabend ist, wenn man in Gällivare aus dem Zug steigt und sich in dem großen Hotel gegenüber dem Bahnhof mit dem atemberaubenden Blick über See und Fjäll einquartiert, kann man etwas wirklich Schwedisches erleben. Wir fragen uns, warum sechs kräftige Männer wie Wächter vor dem noch recht spärlich bevölkerten Speisesaal stehen, in dem wir nach unserem Reiseabenteuer in Ruhe Schalentiercocktail, Bier, Schnaps, köstlich zubereitetes Rentierfleisch und Moltebeereneis genießen wollen. Aber bald klärt sich das Bild. Immer mehr Männer schlendern der Reihe nach ins Lokal hinein, mit ihren großkarierten Hemden und den Hosen mit dem berühmten »Gällivarehäng«, dem tief hängenden Hosenboden – denkbar weit entfernt von dem mondänen Publikum, das die Bars am Stureplan in Stockholm bevölkert. Sie versammeln sich am Tresen und bestellen ein Bier und einen Grog nach dem anderen, während wir uns zunehmend deplaziert fühlen. Man scheint uns loswerden zu wollen, von unserem Tisch werden die leeren Gläser und sauber abgekratzten Teller außerordentlich schnell abgeräumt. Jetzt tauchen auch die ersten hübschen und sorgfältig geschminkten und gekleideten Mädchen auf, aber sie sind deutlich in der Minderheit. Die Atmosphäre verdichtet sich zusehends. Hier kann jedes Mädchen nach Herzenslust auswählen ... Allmählich wird die Musik für unsere Ohren allzu dröhnend, und wir ziehen uns in unser Zimmer zurück. Neugierig sehen wir durch das Fenster, wie die ersten Polizeiautos zwischen den Jugendlichen auftauchen, die das Lokal verlassen oder dorthin zurückkehren. Wir beobachten Einsamkeit, Rausch und Schlägereien, aber auch ein paar glückliche Paare, die eng umschlungen in die fast unnatürlich helle Sommernacht hinausgehen.

Lars Gustafsson

Frau Sorgedahls schöne weiße Arme

Aus dem Schwedischen von Verena Reichel

Band 18661

»Ein hinreißender Erinnerungsroman.«
Süddeutsche Zeitung

Mittendrin im Schweden der 50er Jahre. Lars Gustafsson, der große schwedische Autor, begibt sich auf eine Zeitreise, kehrt zurück ins vertraute Västmanland. Zum Geschmack der Zimtbirnen, dem Geruch der Schilfbänke am See und vor allem zu den Frauen, die noch genauso verführerisch sind wie damals. Auf unnachahmlich beiläufig verschmitzte Weise erzählt Lars Gustafsson von früher erotischer Verzauberung.

»Gustafssons hinreißender Erinnerungsroman. Einer der schönsten Romane dieses Frühjahrs. ... Es werden in diesem Jahr nicht so viele Bücher erscheinen, die ihre Leser so reich beschenken wie ›Frau Sorgedahls schöne weiße Arme‹.«
Franziska Augstein, Süddeutsche Zeitung

Fischer Taschenbuch Verlag

fi 18661 / 1

Lars Gustafsson

Jahrhunderte und Minuten

Gedichte

Ausgewählt von Michael Krüger

Aus dem Schwedischen

von Hans Magnus Enzensberger, Hanns Grössel

und Verena Reichel

Band 18256

»Dieses Leseglück kann

sich ins Lebensglück fortsetzen ...«

Heinrich Detering, Literaturen

Der große schwedische Romancier Lars Gustafsson hat sein Schreiben als Dichter begonnen und die Poesie nie verlassen. Lakonisch und klug, erzählend und mit Humor erschafft er eine Welt, in der sein quecksilbriges Denken und sein Gefühl für die Dinge eine Balance finden, in der der Leser kurz die Dauer einer Schönheit erblickt.

»Lars Gustafssons

großartige Gedichte über Gott, Schweden,

das Universum und den Nachmittag.«

Iris Radisch, Die Zeit